A ponte mágica

FERNANDO DOLABELA

A ponte mágica

Como Luísa, aos 11 anos, cria sua primeira empresa para realizar seu sonho

SEXTANTE

revisão
Ana Grillo e Sheila Til

projeto gráfico e diagramação
Marcia Raed

capa e ilustrações
Silvana Mattievich

pré-impressão
ô de casa

impressão e acabamento:
Yangraf Gráfica e Editora Ltda.

CIP-BRASIL. CATALOGAÇÃO-NA-FONTE
SINDICATO NACIONAL DOS EDITORES DE LIVROS, RJ

D682p

Dolabela, Fernando
A ponte mágica / Fernando Dolabela. – Rio de Janeiro: Sextante, 2009.
ISBN 978-85-7542-474-2

1. Literatura infanto-juvenil brasileira. I. Título.

09-0971 CDD 028.5
CDU 087.5

GMT Editores Ltda.
Rua Voluntários da Pátria, 45 – Gr. 1.404 – Botafogo
22270-000 – Rio de Janeiro – RJ
Tel.: (21) 2286-9944 – Fax: (21) 2286-9244
E-mail: atendimento@esextante.com.br
www.sextante.com.br

Para meus filhos,
Pedro,
Luísa,
Eduardo,
André,
Fernanda,
que são a minha ponte mágica.

SUMÁRIO

MEUS AGRADECIMENTOS A:

Luísa, que em outro livro, já adulta, me revelou seus segredos, e agora, com sua pureza e audácia de menina, desvela os meus próprios;

Meu filho Eduardo, que, aos 10 anos, foi o primeiro leitor e crítico deste livro;

Gina Paladino, entusiasta do empreendedorismo, que adotou a Luísa de O segredo de Luísa *e é "avó apaixonada" da Luisinha de* A Ponte Mágica*;*

Mirian Paglia Costa, que me desafiou a escrever um livro para o público infanto-juvenil;

Alexander Prado, meu conselheiro, pelas sugestões que melhoraram a trama e a história deste livro;

Zulma Sette e Maria Elisa Vieira Martins Palermo, pelas informações sobre Ponte Nova;

Todos os consultores da minha Pedagogia Empreendedora, por ajudarem a tornar realidade um sonho tão grande;

Sérgio Godinho, Rosa Pereira e Andréa Duarte, que leram e criticaram o livro na fase dos manuscritos;

Rafael Nolasco, da Escola Municipal Israel Pinheiro, de Belo Horizonte (Minas Gerais), pela inspiração;

Valdemir Bento da Silva Júnior, Anayam Mendes Moura Freitas, Cinthya Carvalho Costa, Herom Soares de Menezes, Luísa Vargas e Thainá Felix, alunos do ensino médio do Instituto Dom Barreto, de Teresina, Piauí, que, sob a coordenação do professor Gustavo Dias, testaram a linguagem deste livro, contribuindo para seu aperfeiçoamento.

"Venham até a borda", ele disse.
Eles disseram: "Nós temos medo."
"Venham até a borda", ele insistiu.
Eles foram.
Ele os empurrou... E eles voaram.

GUILLAUME APOLLINAIRE

1
AS SEPULTURAS DAS FIGUEIRAS

Mesmo os habitantes da cidade não se acostumam ao fevereiro de Ponte Nova, Minas Gerais, quando o ar enclausurado pelas montanhas e o calor que sobe do chão conspiram para sufocá-los.

Luísa, 11 anos, que havia chegado naquele dia das férias na praia, cobre-se com um vestido de algodão leve e sai de casa sem que ninguém a veja. Carrega uma sacola contendo uma garrafa com água salgada e areia da praia e uma pequena caixa de papelão. Estava indo a um lugar proibido. O risco de ser vista aumenta a excitação provocada pelo encontro que a esperava. Como de hábito, deixou um bilhete na jarra de ágata da mesa de jantar: "Fui para o Sereia Azul." Mas o seu destino era outro.

Furtivamente, desceu a escadaria da sua casa, na rua Major Soares, e ganhou o passeio sem ser notada. Esgueirou-se pelos muros laterais da matriz, na praça Getúlio Vargas, até ganhar o portão principal da igreja. O cuidado ali havia de ser maior, porque seus tios sempre estavam nos bancos protegidos pela sombra das duas monumentais figueiras.

Luísa gelou e mal teve tempo de saltar para trás de uma árvore quando viu o olhar do tio Toniquinho dirigir-se para o lado onde ela se encontrava. Esperou alguns instantes antes de expor meio rosto e verificar que ele voltara a enrolar distraidamente o cigarro de palha. Não fora vista. Estavam também em outro banco da praça, jogando dominó, os tios Carlos, sócio de Toniquinho na alfaiataria, e Saint-Clair, aposentado da Rede Ferroviária Federal, ambos de chinelas. Absorto, Saint-Clair passeava um palito entre os dentes. Luísa tinha por hábito conferir se pelo menos um de seus tios estava na praça. Na última vez que nenhum apareceu, tinha havido morte na família.

Deixou seus olhos procurarem as sepulturas das duas outras figueiras que tinham sido arrancadas pelo vigário. Só porque impediam a vista da reforma feita por ele na porta principal da igreja. As sepulturas eram dois grandes círculos cimentados, que provocavam um aperto no coração de Luísa. Por causa delas, tinha levado uma suspensão no Colégio Imaculada e uma reprimenda pública do vigário durante o sermão na missa das seis da tarde no domingo. Luísa colocara dois "epitáfios" de cartolina para ornamentar as "sepulturas".

Um deles dizia:

QUAL PORTA VALE MAIS DO QUE
A SOMBRA E A BELEZA DE DUAS
FIGUEIRAS CENTENÁRIAS?

E o outro:

NESTE LUGAR, UMA VIDA QUE
PROTEGIA VIDAS FOI ELIMINADA
EM NOME DA VAIDADE.

Ao cruzar a rua Cantídio Drumond, Luísa escondeu o rosto com a sacola: ali ficava a loja Elegância Mineira, dos tios Carlos e Toniquinho, em cuja placa de rua constava a expressão "tudo em geral, etc.", que Luísa achava tão disparatada quanto deliciosa.

ELEGÂNCIA MINEIRA
CAMISAS, CALÇADOS, CONSERTOS
DE APARELHOS ELÉTRICOS, SECOS
E MOLHADOS, TUDO EM GERAL, ETC.

2
O SEREIA AZUL

O maior perigo era a loja e bar Sereia Azul, propriedade da sua tia e madrinha Fernanda, onde Luísa ia voluntariamente quase todo final de tarde, de segunda a sexta, para ficar na caixa ou no balcão, atendendo a fregueses. Adorava aquele lugar e era adorada pelos freqüentadores. Sentia enorme prazer em ficar ali, vendendo coisas, transformando mercadorias em dinheiro, o que, para ela, era pura mágica.

O final do dia, das quatro às seis da tarde, era o horário preferido de Luísa, porque ali compareciam tipos raros e intrigantes, um pouco de tudo, e o papo corria solto. Ia gente importante, como o prefeito, o vigário, donos de usinas de açúcar, o presidente da Câmara Municipal, mas também gente simples como Moacyr, o sapateiro, humilde mas respeitado por seus palpites e pelo caráter. Era o único bar que senhoras de respeito podiam freqüentar desacompanhadas.

A menina não perdia uma só palavra da conversa entre aqueles senhores, alguns sisudos, outros levianos, mas todos certos de que tinham a solução para os problemas do mundo. Aprendera a usar um ouvido para atender a um freguês e o outro para bisbilhotar as conversas sussurradas justamente para que ela, a única criança por perto, não ouvisse.

Perguntava-se por que lhes interessava tanto falar sobre as mazelas alheias, do corpo ou da alma, e tomar como tema de piadas a infelicidade e os defeitos dos outros. Nunca riam de si mesmos.

Luísa se orgulhava da capacidade da tia Fernanda de falar de igual para igual com os homens e de saber reprimir, com um simples olhar, a voz alta e as ofensas pessoais, mantendo o controle. A idade da menina, no entanto, ainda não lhe permitia desconfiar por que os assuntos são divididos por gênero: há coisas de homem e há coisas de mulher. Aos homens cabia tratar de economia, política, enchentes. Às mulheres, de cozinha e escola.

No Sereia Azul, a presença de Luísa era celebrada. "Que menina linda!", "Que inteligência!", "Vai casar com o meu neto...", "Essa menina tem um grande futuro...", eram elogios dos adultos que chegavam como frivolidade aos ouvidos de Luísa. O mais famoso dentista de Ponte Nova, Dr. Luiz, dizia: "Vai trabalhar na minha clínica...". E aquilo pegou. Vovó Mália, orgulhosa com o vaticínio, passou a dizer que sua neta seria uma grande dentista. Luísa, dócil nas relações pessoais, rebelde quanto a regras e imposições, não recusava aquele planejamento para a sua vida, porque, sendo algo tão distante e improvável, não seria causa justa para contrariar vovó Mália, que ela adorava.

A beleza de Luísa comovia as pessoas. Os grandes olhos amendoados, em tom castanho-escuro, que sabiam ser meigos e desafiadores, desconcertavam quem com eles cruzasse. A luz do sorriso aprisionava os que já haviam sido capturados pelo olhar. Os cabelos, também castanhos, quase anelados, caindo abaixo dos ombros, pareciam acentuar a rebeldia do espírito.

Aos 11 anos, corpo de menina, mente ágil e amadurecida pela

convivência com adultos, Luísa ainda não perdera a capacidade de ficar perplexa diante das coisas belas e ruins do mundo. Sobretudo, não sabia que não podia, o que explicava sua coragem de tentar e fazer. Não havia ainda se imposto limites, nem aceitado os que a pequena Ponte Nova lhe impingia. Para enfrentar o marasmo da cidade, a mente de Luísa estalava de criatividade. Contra a pasmaceira, ela agia. Mais tarde, iria aprender a se desembaraçar da conspiração dos mais velhos para definir o seu futuro e se afastar do conceito que tinham de sucesso: estabilidade, dinheiro, curso universitário. Para os habitantes de uma cidade onde pouco acontece, a beleza e o modo de ser de Luísa eram evidências de que, tornando-se mulher, causaria estremecimentos por onde quer que passasse. Era questão de esperar.

O Sereia Azul exibia para Luísa uma galeria rica em tipos humanos e assuntos, ajudando-a a desenvolver a capacidade de distinguir entre coisas boas e ruins, úteis e vazias, fundamentais e acessórias. Ali, ela aprimorava o seu senso crítico e se mantinha a par dos temas mais importantes da cidade.

3
MARIA SETE-SAIAS

Ao alcançar o Sereia Azul, Luísa teve o cuidado de passar para o outro lado da rua, rosto escondido. Tranqüilizou-se. A partir dali, na descida da rua Caetano Marinho, havia pouca chance de encontrar alguém da família. De repente, uma mão forte e ossuda se cravou em seu ombro. Ela soltou um berro e correu, cheia de medo. Ao virar-se, viu uma mulher que parecia uma bruxa.

– Aonde vai, menina? – disse-lhe a figura estranha.

Era Maria Sete-Saias, louca de rua.

– Luísa, espera! Vou te contar uma história!

Maria Sete-Saias sobrevivia cobrando pelas histórias que inventava sobre gente importante da cidade. Ganhou o apelido por usar vestido comprido com várias saias por baixo e respondia com palavrões quando o ouvia.

Recuperada do susto, Luísa lhe sorriu:

– Minha grande historiadora, Maria Margarida Gomes!

– Para você, que é minha amiga, vou contar uma história de graça.

Em vez de fazer como as outras crianças e provocar os loucos, cuja liberdade nas ruas é garantida pela civilidade das cidades pequenas, Luísa, com sua imaginação, os transformava em heróis e com eles mantinha longas conversas. Chamava Biliskete de "Grande Astro da TV", depois de ele ter aparecido no show da Elke Maravilha com dúzias de medalhas no paletó verde e na gravata cor-de-rosa, flores no chapéu e três anéis em cada dedo. Sá Dalila era a "Condessa de Ponte Nova", porque se dizia proprietária de casas, prédios e fazendas e tomava todos os habitantes da cidade como seus inquilinos. Carrapatinho, para quem as águas do Piranga eram petróleo, era o "Rockefeller"; Tinga virara o "Artista de Circo", porque comia cobras, parafusos, cacos de vidro, rãs, giletes.

Mas, agora, a menina estava com pressa de se desvencilhar da mulher, que logo atrairia crianças para encolerizá-la.

4
A PONTE DO RIO PIRANGA

Luísa deixou de se preocupar quando alcançou a avenida Arthur Bernardes sem ser vista. No sinal luminoso, dobrou à esquerda e se dirigiu à ponte da Barrinha, sobre o rio Piranga. De repente, a menina parou, reverente, sorvendo a energia que lhe oferecia a ponte para somá-la às suas próprias forças. Deixou-se atrair pelo desconhecido, pelo risco, pelo prazer. Olhou em todas as direções e, não vendo ninguém, entrou na ponte em corrida louca, um sorriso nos lábios.

No início da disparada, escorregou no lodo e seu corpo magro vergou sobre a amurada. Tentou se segurar, mas a ponte partiu-se com um estrondo assustador. Sem ter onde agarrar, Luísa caiu de uma altura de 20 metros em direção ao leito do rio coberto de pedras. A sacola se desprendeu de suas mãos e foi levada pelo vento. Caindo em cambalhotas, seus olhos viam ora as águas barrentas do Piranga, ora o céu com nuvens cinza.

De repente, as águas ficam azuis como o mar de Meaípe, repletas de peixes coloridos, e o céu se cobre de nuvens cor-de-rosa, de onde saem borboletas gigantes bailando ao som de uma sinfonia. As pedras do rio se transformam em corais multicoloridos. No momento em que ia se chocar neles, as borboletas tomam Luísa pelos braços e a fazem flutuar sobre as nuvens. De cima, ela vê o Piranga com águas cristalinas, as miseráveis casas de palafitas na margem transformadas em mansões com iates presos aos ancoradouros. As borboletas deixam Luísa na outra margem do rio. Pés no chão, ofegante, ela olha para trás e vê que tudo está como antes: as águas barrentas do Piranga, as nuvens cinzas anunciando uma noite chuvosa, pardais em euforia se despedindo da tarde. Vê na mão esquerda a sacola intacta. Alegre, ela pula com os dois braços lançados ao ar e grita:

– Eba!

Aquelas cenas mágicas surgiam sempre que ela atravessava a ponte da Barrinha. Luísa não sabia por que nas outras pontes da cidade nada assim acontecia.

5
MARIA

Dobrou a rua Santa Terezinha em direção à Vila Alvarenga. Para ela, agora, o risco não era ser vista, mas enfrentar os perigos que, segundo sua mãe, aquele lugar oferecia. Estava diante das casas ribeirinhas, de palafita, onde moravam mulheres pobres. Durante o dia, do fundo do Sereia Azul, podia vê-las na outra margem do rio lavando roupas, cuidando de crianças. De madrugada, acordava com sua alegria estridente anunciada pela música de Chitãozinho e Xororó, Waldick Soriano e, claro, Roberto Carlos.

"Se aquele lugar era tão ruim, por que tio Carlos não saía de lá?", pensou a menina, sentindo que precisava se apressar, porque a tarde estava caindo. De fato, a lua, um grande círculo branco, transparente, parecia estar vestida de noiva para o sol, que lhe estendia um tapete vermelho sobre as montanhas no horizonte.

Por via das dúvidas, Luísa redobrou a atenção. Quase correndo, passou pelas palafitas e virou à direita. Olhava para todos os lados. Cada transeunte era um suspeito.

A menina procurava a casa de Maria, sua melhor amiga – uma amizade proibida. Tinha muito o que contar, coisas acontecidas na praia de Meaípe, perto de Guarapari, no Espírito Santo, para onde fora logo depois do Natal.

Conhecera Maria quando ambas tinham 9 anos. Ela passara em frente a sua casa, usando um vestido de chita verde estampado com flores cor-de-rosa, tão grande que quase lhe cobria os pés descalços. Carregava na cabeça um cesto cheio de goiabas para vender às donas de casa que fabricavam a melhor goiabada-cascão do mundo. Luísa, que também gostava de vender bonecas e outros brinquedos usados, fora atraída pela paz irradiada por Maria, cujos cabelos castanho-escuros, ressecados e maltratados, contrastavam com os olhos verdes, duas esmeraldas brilhantes, e formavam um conjunto exótico com a pele crestada pelo sol e os lábios desenhados em sorriso permanente. Maria não havia conhecido o pai e jamais ouvira falar dele. Morava com sua mãe, Piedade, desempregada, e com a irmã Eva, de 11 meses.

6
AMIGAS PELO SONHO

A amizade surgira instantaneamente. As duas sentaram-se no meio-fio e não viram o tempo passar. Em suas confidências, descobriram um ponto em comum: consideravam que a melhor coisa do mundo era sonhar. Sonhar com coisas maravilhosas desenhadas por seus próprios pincéis, nas cores e formas que quisessem. Sonhar com viagens à Disney, à praia, com bonecas, sorvetes, videogames, casamento, artistas de TV, vestidos lindos, festas e bolos de aniversário. Sonhavam encantar a vida em Ponte Nova, onde tudo conspirava para que nada acontecesse.

Apesar das diferenças sociais entre as duas, os sonhos eram parecidos, a não ser nos aspectos que justamente definiam esta diferença. Por exemplo, a casa própria, que era uma herança de antepassados para Luísa, representava para Maria algo impossível. Se comer todos os dias era uma certeza para Luísa, a rotina da fome, no mundo de Maria, transformava um prato de comida em ilusão. Um dia, na escola, Maria percebera que, segundo os adultos, até nos sonhos existem direitos diferentes. Quando disse que sonhava conhecer o mar e ser médica, a professora corrigiu:

– Você está tendo sonhos que não são para você.

Nesse momento, Maria olhou para o chão, triste. Sentiu que havia algo equivocado naquela idéia da professora. Afinal, ninguém podia controlar os seus sonhos... Mas não ousava discordar. Mesmo criança, já aprendera no seu ambiente, formado por pessoas pobres, que sempre deveria se resignar com as regras dos mais poderosos, porque o preço da rebeldia é alto.

Luísa jamais esquecera o que Maria havia lhe dito logo no primeiro encontro delas:

– Olha, o sonho é muito bom, porque é algo que nasce dentro da gente, nós somos donas dele. Mas melhor do que sonhar é correr atrás do sonho. Eu descobri isso por acaso.

– Como? – perguntara Luísa.

– Eu sonhava ter uma sandália Melissa, achava a coisa mais linda do mundo. Então, vendi goiaba, manga, lavei roupa, fiz mandados, ajuntei dinheiro. Até que num sábado eu comprei a sandália para estreá-la no domingo à tarde, no parque de diversões. Dormi abraçada com a sandália e no domingo de manhã fui ajudar minha mãe na faxina. Quando voltei depois do almoço, cadê a sandália? Tinha sido roubada.

– Nossa, que tristeza! – disse Luísa. – Você deve ter chorado muito.

– Eu também pensei que fosse chorar muito, mas não. Fiquei triste. Só que a alegria maior foi ter comprado a sandália. Eu me lembro de como trabalhava feliz para conseguir a sandália. Quem roubou a sandália não conseguiu roubar a minha capacidade de sonhar e realizar outros sonhos.

7

A DISTÂNCIA QUE NÃO DEVERIA EXISTIR

Um dia, Luísa convidou Maria para almoçar em sua casa e então tomou consciência de que, mesmo estando tão próximas fisicamente, um mundo as separava. Não era só a distância do dinheiro, existiam outras diferenças, que o olhar e as perguntas da sua mãe revelaram. Ela interrogou Maria:

– Qual é o nome do seu pai?

Maria olhou para o chão:

– Não sei, nunca vi meu pai.

– E sua mãe, como se chama?

– Piedade.

– O que ela faz?

Luísa interveio:

– Quanta pergunta, mamãe!

Maria corou e respondeu sem convicção:

– É empregada doméstica.

– Com quem você mora? Onde é a sua casa?

– Moro com minha mãe e minha irmã Eva no Alvarenga. A casa não é nossa, é de aluguel. Meu grande sonho, quando crescer, é comprar uma casa para nós.

Dona Maria Helena olhou para Luísa e para o marido, seu Geraldo, com o cenho franzido, um esgar na boca e a cabeça a balançar, sinais de que entendera além do que fora dito.

Depois que a visita foi embora, ela disse:

– Minha filha, a Maria é muito boazinha, mas não é amizade que sirva para você. Não quero mais que ela venha aqui e não quero que você vá à Vila Alvarenga.

– Por quê?

Perguntava só por perguntar. A resposta foi o silêncio, a que Luísa reagiu sem dizer palavra: "Eu posso andar com quem eu quiser, com quem eu quiser, que não vou deixar de ser eu mesma. Mas a senhora tem medo..."

Além de matar a saudade, queria contar as novidades da praia: o caiaque, a banana gigante, o jet ski, sua empresa de vender empadinhas. Também queria lhe dar as conchinhas e a água do mar, coisas que Maria não conhecia. E trazia ainda bombons fabricados no Espírito Santo.

Já antecipava a pergunta que Maria lhe faria: "E na ponte, aconteceu de novo?" Luísa sempre contava para a amiguinha as cenas fantásticas que lhe aconteciam na ponte da Barrinha, toda vez algo diferente. Era um dos muitos segredos entre as duas. Maria tentara várias vezes, sem resultado. Chamavam a ponte da Barrinha de "Ponte Mágica".

8
A CASA DE MARIA

Alegre, sempre correndo, Luísa chegou ao local onde ficava a casa de Maria, mas não conseguiu ver o pequeno barraco onde ela morava. Só havia escombros atolados em um lamaçal malcheiroso. Assustada, caminhou na direção oposta, supondo ter errado o caminho. A luz fraca do final de tarde a confundia. Espavorida, perdeu-se correndo em círculos. Via só lama e grandes poças d'água. Desesperada, distinguiu ruínas que pareciam ser restos do barraco de Maria. Lágrimas escorrendo pelo rosto, ouviu a própria voz arranhando o coração, aos berros:

– Maria, Mariaaaaa!

A desolação daquele lugar era acentuada pelos últimos raios do sol. Não havia sinal de Maria nem de qualquer outra pessoa. Pela primeira vez, Luísa experimentou a solidão. Presa de maus pensamentos, deixou-se levar pelas pernas, que decidiram tomar o caminho de volta.

Entrou na ponte como jamais fizera: passos lentos, melancólica. O coração frio, sentindo a exalação malfazeja que empestava o ar. As nuvens tornaram-se negras e uma tempestade desabou. Luísa caiu no chão da ponte. Em uma fração de segundo, a água do rio Piranga subiu 30 metros e uma onda gigantesca arrastou-a como se ela fosse de papel, levando junto casas, carros, postes. No meio do turbilhão, o coração sangrando, viu Maria flutuando com seu vestido de chita no meio das nuvens. A raiva substituiu a apatia. Cabeça erguida, olhar desafiador, ela encarou as nuvens negras e gritou:

– Estou preparada!

No refluxo da onda gigante, Luísa ressurgiu confiante, correndo, ares de poder no rosto. Alcançou a outra margem com a esperança reconquistada. Olhou para trás e tudo voltou ao normal. Pela primeira vez, Luísa experimentou algo de que já suspeitava: na Ponte Mágica, poderia também se defrontar com forças negativas, uma luta de vida e morte, de sonho contra a escuridão. Olhou para a sacola em seu braço e temeu nunca mais ver Maria.

9
ALGUÉM MORREU?

Já era quase noite quando Luísa entrou em casa. Ninguém desconfiara de nada. Para dona Maria Helena, ela estivera no Sereia Azul, como de hábito. A conversa do jantar despertou atenção especial em Luísa.

Seu Geraldo comentava:

– Lá da praia, não me dei conta de que a enchente do rio Piranga foi tão grande, a maior nos últimos 60 anos. Há muitos desabrigados e desaparecidos. Os hospitais estão cheios. Os córregos Vau-Açu, Manso, Vila Lana e Passa Cinco não puderam dar vazão a tanta chuva. A Prefeitura está sendo acusada de não ter feito as obras reclamadas há anos.

Aflita, Luísa interrompeu o pai:

– Alguém morreu?

– Ainda não se sabe. O prefeito decretou calamidade pública e disse que não tem um tostão. Pediu verbas ao governador, que sobrevoou a região e apelou para o presidente da República. Foi uma bela articulação das forças ponte-novenses.

Luísa não se conteve:

– Quer dizer então que o governo já mandou dinheiro e logo vão construir casas para os desabrigados!

– Não é bem assim, minha filha. Dinheiro não é fácil, apesar da promessa do governador. O problema é que o nosso prefeito não é do mesmo partido dele, que, por sua vez, tem feito oposição ao presidente. Qualquer dinheiro, para vir do Estado ou da União, vai demorar muito.

"Já sei", Luísa pensou, receosa de demonstrar a razão do seu interesse. "Quer dizer que nada de prático vai acontecer... Será que as brigas dos políticos são mais importantes que as pessoas?" Logo depois do jantar, perguntou a dona Maria Helena se ela queria alguma coisa da mercearia da dona Elza, que ficava na casa ao lado. Era um pretexto para ela ir colher alguma informação sobre os flagelados, mas nada conseguiu. Foi dormir com a cabeça dando voltas: "Onde estará Maria?"

10
A FORTALEZA DA CURVA

Vovó Mália chega para o café da manhã. Era seu hábito aparecer para tomar café na casa dos filhos sem avisar. Não tinha visto ainda aquela família depois das férias na praia. Tina, a única irmã de Luísa, dois anos mais nova, saltou da mesa e pulou no pescoço da avó. Luísa correu a dar-lhe um beijo.

– Minhas queridas... estão tão moreninhas! Que saudade!

Virando-se para seu Geraldo e dona Maria Helena:

– Já viram os jornais? Encontraram o corpo de uma menina embaixo dos escombros na Vila Alvarenga.

Luísa arregalou os olhos. Era onde a amiga morava. Não teve sossego para mais conversa. Despediu-se e foi para o Colégio Imaculada – era o primeiro dia de aula. A alegria de ver os colegas, principalmente Clarinha, Duda, Carolina e Delcídio, foi perturbada pela preocupação maior: Maria. Na primeira aula, simulou dor de barriga e pediu para ir ao banheiro seguidas vezes. Na enfermaria, deram-lhe um remédio, que fingiu ingerir, e mandaram-na para casa. Era o que esperava para sair em busca da amiga.

Sem ter idéia de onde poderia encontrá-la, montou mentalmente um roteiro: se não estivesse ferida, estaria em galpões para desabrigados; se estivesse doente, estaria no Hospital Nossa Senhora das Dores, na ala dos indigentes, e não no Arnaldo Gavazza, freqüentado por ricos. E se tivesse morrido? Nessa hipótese Luísa não queria pensar, apesar de não conseguir impedir que duas lágrimas salgassem seus lábios. Em todos os lugares possíveis, procurou, mas ninguém sabia de Maria. Exausta a ponto de desistir das buscas, lembrou-se da Fortaleza da Curva.

– Por que não pensei nisso antes?

Era um antigo casarão de fazenda abandonado. Ficava na beira do rio Piranga, depois do Bairro Ipanema, distante do centro da cidade. Ali, o rio se alargava em um remanso, vindo banhar quase as portas do casarão. Como o terreno adiante era escarpado e o rio seguia cascateando em pedras imensas, raramente havia enchente naquele ponto. No quintal, Maria costumava colher goiabas que seriam transformadas pelas donas de casa na melhor goiabada-cascão do mundo.

Alguns obstáculos naturais que dificultavam a chegada ao casarão serviam para aguçar o espírito aventureiro das meninas, transformando o esconderijo em "fortaleza inexpugnável", como nos livros. Era obrigatório ultrapassar um lamaçal profundo, chamado por elas de "areia movediça". Depois, vinha um fosso que ilhava a casa e que elas imaginavam infestado de cobras. A única forma de vencer os obstáculos era passando por uma frágil pinguela de bambu, cuja entrada elas escondiam com um arbusto.

Luísa tirou o galho da passagem, abaixou-se e pegou o porrete que ela e Maria deixavam ali para se proteger de alguma coisa. Era apenas um ritual que encenava um perigo imaginário, e não uma arma contra ameaças concretas.

As duas meninas simulavam a existência de cobras e onças, mas não acreditavam nisso. Naquele momento, a ansiedade de ver a amiga fazia Luísa esquecer os perigos quiméricos. A partir da metade da pinguela, era possível ver se a fita vermelha estava amarrada ao badalo do sino da porta da cozinha – era a senha que indicava se alguém estava na Fortaleza. Ela esticou a cabeça para ver. Foi quando uma coisa fria pressionou sua perna. Era uma cobra que havia se enroscado no tornozelo dela e vinha subindo para o joelho. Não era imaginação, não. Impulsivamente, Luísa bateu com o porrete na cabeça da cobra, perdeu o equilíbrio e caiu.

11

EVA E PIEDADE

Ao abrir os olhos, tempos depois, ainda deitada no chão, Luísa assustou-se ao ver o sorriso sem dentes de Piedade, a mãe de Maria, descalça e enlameada. Ainda sobressaltada, a menina ergueu-se cambaleante e abraçou a mulher.

– Cadê a cobra?

Gritou quando viu no chão um filhote de jibóia de um metro de comprimento, cabeça esmagada. Só então se deu conta de que estava dentro da Fortaleza. Piedade não teve forças para ampará-la nos braços e impedir que ela caísse lentamente no chão, quase desfalecida. Viu a pequena Eva engatinhar nuazinha em sua direção, os dentes descobertos por um sorriso inocentemente alegre.

– Maria não está aqui?

– Ela desapareceu desde o dia da enchente. Estávamos dormindo quando a água começou a inundar a nossa casa. Foi a conta de pegar Eva nos braços e sair correndo. Eu gritava por Maria sem conseguir vê-la...

Uma suspeita horrível feriu o coração de Luísa: o corpo da menina encontrado no Alvarenga poderia ser de Maria. "Será que ela apareceu para mim na Ponte Mágica para se despedir?" Isso foi a primeira coisa que ocorreu a Luísa.

– Como me trouxe para dentro da Fortaleza?

– Ouvi o seu grito e corri para fora. Você estava caída no meio do pântano, desacordada, e a cobra a seu lado, viva. Tirei o porrete da sua mão e bati na cabeça dela até ver que não se movia mais. Depois, arrastei você até aqui.

Aos poucos, Luísa recobrava as energias.

– Não tenho nada para oferecer – disse Piedade.

De fato, ali não havia comida nem água potável: ela, como de hábito, colhia do rio poluído a água para beber.

– E como a Eva está comendo?

– Ela ainda mama no peito quando tenho leite. Há dois dias, estamos sem comida. Não consigo sair com a criança enquanto as águas não baixarem. E não tenho para onde ir.

O quadro era desolador. Piedade estava imobilizada. Os poucos amigos haviam desaparecido. Luísa não tinha certeza se aquele lugar fora uma boa escolha de Piedade.

12
MIRÓ

Já passava do meio-dia, hora em que deveria chegar em casa depois das aulas, e Luísa ainda estava na Fortaleza da Curva, refazendo-se da queda e do tremendo susto causado pela jibóia.

Ela não se preocupava com alguns arranhões aqui e ali e tampouco se incomodava com a perna esquerda dolorida pela constrição da cobra e pela porretada dada em si mesma. Tentava encontrar uma explicação para o vestido imundo e o atraso. E também para a falsa diarréia, que certamente já teria sido descoberta por sua mãe. Em vão, pois nenhuma justificativa plausível lhe vinha à cabeça. Culpava-se, não porque tivesse feito algo condenável – julgava ter agido corretamente e faria tudo de novo, excluindo a jibóia, claro –, mas porque afligia os seus pais.

Atrasou-se mais ainda porque preferiu mudar o trajeto da volta para evitar a praça Getúlio Vargas: não queria ser vista toda enlameada. E também porque, além dos presentes para Maria, levava na sacola a jibóia transformada em troféu, prova concreta da sua aventura.

Decidiu tentar entrar em casa sem ser vista e lavar-se, o que tornaria as coisas mais fáceis. Não atravessou a Ponte Mágica, mas a ponte da Praia, onde nada acontecia. Deu a volta por trás da igreja matriz, para chegar a sua casa pelo quintal. Com sorte, encontraria alguma roupa no varal.

Subiu o muro com facilidade. Do alto, tentou controlar Miró, um bóxer grandalhão que latia ao vê-la. Ela comandou silêncio. Miró atendeu, o cotoco do rabo movimentado-se rapidamente. Mas, ao pular de cima do muro, Luísa deixou cair a sacola de plástico e a jibóia apareceu. Aí foi impossível impedir que Miró reagisse, colocando-se entre a menina e a cobra, para protegê-la. Arreganhava as presas e rugia como fera.

Em uma fração de segundo, seu Geraldo apareceu na porta da cozinha de pijama, traje da sesta diária, seguido por dona Maria Helena, de rolinhos na cabeça. Chegaram a tempo de flagrar Luísa tentando esconder a jibóia dentro da sacola e Miró em posição de defesa, pronto para tudo.

Dona Maria Helena já havia telefonado para o colégio e soubera da diarréia de Luísa. Telefonara também para Fernanda no Sereia Azul, para sua irmã Mestra, que era professora do colégio, e para Clarinha, Duda e Carolina, as melhores amigas de Luísa. Ninguém sabia onde ela estava. Fora vista pela última vez na primeira aula.

Diante disso, a mãe havia ligado para o Hospital Arnaldo Gavazza, para a delegacia e para toda a Ponte Nova. No momento em que Miró latiu, tanto ela como seu Geraldo estavam a ponto de explodir de tensão. Dona Maria Helena articulava gritos com os lábios sem conseguir produzir nenhum som. Perdeu completamente a voz e o movimento do pescoço, paralisado por forte torcicolo, que duraria três semanas. Seu Geraldo, sentindo as pernas bambas, apoiou-se na esposa, os olhos esbugalhados. Luísa riria da cena, não estivesse em apuros. Aproveitou-se da momentânea perda de iniciativa dos pais para correr para dentro de casa e lavar-se. Eles a seguiram como autômatos.

13
PRESA PELA CAMISOLA

Um dia não foi suficiente para o casal se recuperar do acontecido. A tensão seria mitigada aos poucos, ao longo da semana. Seu Geraldo mandou Luísa para o quarto, como castigo provisório. O definitivo viria somente depois que dona Maria Helena recuperasse a voz, o que aconteceu depois do jantar: Luísa ficaria um mês sem sair do quarto, a não ser para comer, ir ao banheiro, ao colégio e à missa aos domingos. Estava proibida de ver TV, brincar na rua depois do jantar e, principalmente, de trabalhar no Sereia Azul, sua fonte de prazer.

Ao ouvir o relato de Luísa, que omitira o ataque da jibóia para poupar os pais, seu Geraldo e dona Maria Helena não sabiam exatamente o que sentir. Se não podiam refutar o espírito de solidariedade e ajuda, preocupavam-se com os riscos a que se expunha a menina e também com a má influência daquela amizade. O que acontecera era uma prova disto.

"Uma jibóia...", dona Maria Helena suspirava, claudicando pelos cantos da casa. Mesma educação, mesmos pais, mesma escola e duas irmãs tão diferentes. Por que Luísa não era como Tina – previsível, tranqüila, que sempre perguntava antes de fazer? Mas, pensava dona Maria Helena, justiça fosse feita: nunca vira Luísa agindo com maldade, má intenção. Boa aluna, nunca faltava à aula, jamais dera trabalho com os estudos. E no trato com as pessoas? Luísa era dócil, meiga, carinhosa, amiga. Ninguém lhe queria mal, pelo contrário, todos adoravam aquela menina, linda, esperta. O coração de mãe orgulhava-se. Murmurou para a si mesma:

– Se não fosse por causa do Geraldo, pai severo, eu não me incomodaria com as travessuras da Luísa... mas ele não aceita de forma nenhuma! Uma jibóia... Que perigo... – balbuciava ensimesmada, varrendo o chão, espanando os móveis, levantando tampas de panelas, fazendo goiabada-cascão. – Uma jibóia...

– O que foi que disse? – perguntou em voz alta seu Geraldo, com o único intuito de provocá-la. – Está falando comigo ou sozinha?

Era seu costume melindrar a esposa, insinuando que estivesse ficando maluca. Ele não sabia se achava tudo aquilo engraçado ou não. Afinal, Luísa estava ali, sã e salva e, segundo ele, cada vez mais esperta e criativa.

Ele adorava as duas filhas, mas Luísa era o seu orgulho secreto: sedutora, carinhosa, sabia conquistá-lo. Ah, que graça tinha aquela menina! E que imaginação! Que inteligência ágil, que sagacidade! Sem contar que era linda. Ele pensava: "Não me oponho às punições para não enfraquecer a autoridade da mãe; por mim eu não daria castigo nenhum. Mas, como a mãe é antiquada, não evoluiu..."

– Nada, não falei nada – respondeu dona Maria Helena, reagindo às provocações do marido. – Ainda não fiquei doida, para te dar o prazer de me internar no hospício.

– Ahhhh! – teatralizou seu Geraldo. – Pensei que você tivesse falado a palavra ji-bó-ia... – soletrou e deu uma gargalhada exagerada, mentindo achar graça de si mesmo, mas feliz por alfinetar a esposa.

Recebeu de dona Maria Helena um olhar ameaçador. Pelo histórico das relações entre eles, Geraldo deu-se conta de que era hora de parar e engolir o riso. Seu temperamento pacato submetia-o ao gênio forte da esposa e das cunhadas. Funcionário público exemplar, era chamado às escondidas na cidade de "seu Lé com Lé", por causa de um episódio que lhe valera a reputação de pão-duro: certa ocasião, comprara um par de sapatos e mandara embrulhar cada pé separadamente, para que cada um fosse dado por Luísa e Tina, ainda pequenas, de presente de aniversário à mãe.

Luísa tinha aceitado o castigo sem se lamentar. Era de seu feitio enfrentar tais situações sem esperneio. Por instinto, percebia que não era conveniente argumentar no calor da hora. Depois, sim, ânimos arrefecidos, sabia que em sua mãe, coração mole, o ciclo do castigo se completava com o arrependimento. Agora, além da idéia fixa de encontrar Maria, outra preocupação ocupava sua mente: como dar assistência a Eva e Piedade, lá na Fortaleza? O castigo oferecia um lado positivo: tempo para acabar as leituras de *Reinações de Narizinho* e *História do mundo para crianças*, de Monteiro Lobato, e também para pensar em como resolver seus problemas, que não eram poucos. Quanto à TV, supunha que nada tinha a perder.

Por mais que tentasse evitar, um pensamento aprisionado no porão da sua mente vez em quando assaltava o seu coração. O corpo encontrado seria o de Maria? Quando isso acontecia, Luísa era tomada por grande pavor. Mas, contra as evidências, ela mantinha as esperanças de encontrar a amiga viva.

Algumas coisas incomuns aconteceram naqueles dias, quando dona Maria Helena tomou medidas para evitar que Luísa fugisse do castigo, pois ela ficaria em casa sozinha em três noites da semana. Às segundas-feiras, quando havia novena na casa da tia Marta; às quartas, por causa do jogo de buraco na casa do tio Toniquinho; e aos sábados, dia de ir ao cinema. Tina acompanhava os pais em todas as saídas, exceto quando o filme não era recomendado para menores pela *Gazeta Ponte-novense.* Nesse caso, ela ia se encontrar com a "turma" que se reunia na mercearia de dona Elza ao sabor de sorvetes com chicletes. Assim, por precaução, dona Maria Helena trancou todas as roupas de Luísa no armarião do corredor, fechado a cadeado. Deixava para Luísa somente uma camisola e uma calcinha. Era verão, não havia necessidade de agasalhos. Sem roupas, a menina não sairia de casa.

Tudo aquilo excitava a imaginação de Luísa. Ela se surpreendia com a ingenuidade da mãe por julgar que conseguiria aprisioná-la deixando-a sem roupa. Nos primeiros dias, cumpriu rigorosamente o seu castigo, que surgira na pior hora. Ficar presa em casa significava estar impedida de procurar Maria, ir até a Fortaleza levar comida e roupas para Piedade e Eva, executar um plano que nascia em sua mente. Não contava com Tina, a quem adorava, mas que não compreendia o seu mundo por ser mais nova.

14
UMA AULA DIFERENTE

Naquela manhã, ir para o colégio, além de significar uma liberdade provisória do castigo, oferecia outra motivação: era a primeira "aula do sonho", nome que os alunos davam ao curso de empreendedorismo. Por tratar de sonhos e de ser dono do próprio nariz, tinha a ver com o seu tema predileto e também com tia Fernanda.

Como de hábito, sentou-se na primeira fila e, durante toda a aula, anotou o quanto pôde, perguntou, imaginou, deixou-se arrebatar. Foi uma aula fora dos padrões, ou, segundo Luísa, "contra" os padrões. Depois do almoço, deitada de costas na cama, olhos fixos na estrela brilhante colada no teto, cabeça em cima do braço, reconstituiu em detalhes tudo o que acontecera. Era o seu jeito de aprender: repassava tudo de memória, assimilando com maior profundidade.

Era a primeira vez que tinha uma aula sem jeito de aula, mais parecida com uma conversa. Alunos sempre calados romperam a timidez com perguntas. A professora Helena, que também lecionava ciências, apaixonara-se pelo empreendedorismo. No ano anterior, em virtude dos altos preços dos produtos de limpeza, tinha ensinado aos alunos que podiam fabricar em casa detergente, sabão líquido e outros materiais. Neste, em razão da enchente, explicou como as pessoas poderiam fazer filtros para água potável. Naquele dia, seus olhos brilhavam. Os braços longos e as mãos expressivas desenhavam emoção no ar. Luísa, como de resto toda a sala, foi capturada pela voz que fluía através de um sorriso constante e a um só tempo conseguia ser meiga e desafiadora, clara e fluente.

Forma e conteúdo eram novidades. Em vez de monólogo sobre uma matéria, os temas tinham ligação com a vida dos alunos e, por isso, não só os fazia ter consciência de que sabiam alguma coisa, mas também os levava a externar o muito que já sabiam. Para tratar de empreendedorismo, ela se referia ao que acontecia na cidade, no país e no mundo.

– Quando se fala em empreendedor, duas coisas vêm à mente: abrir uma empresa e ganhar dinheiro. Entretanto, para ser empreendedor, não é preciso abrir uma empresa. Uma pessoa pode ser empreendedora em qualquer área que escolher para trabalhar: empregado do governo ou de empresa, professor, artista. Além disso, o objetivo do empreendedorismo não é o enriquecimento pessoal, mas oferecer alguma coisa boa para os outros.

Em termos sociais, ele visa à melhoria das condições de vida de todos. Deve ser um instrumento para acabar com a pobreza e a miséria.

Um aluno resumiu a surpresa de todos:

– Professora, antes, eu pensava que só o governo era responsável pela miséria.

A professora continuou:

– O empreendedor é alguém especial, diferente? Não, pelo contrário, todos nascemos com essa capacidade, que é uma característica da espécie humana. Mas a maioria desaprende de ser empreendedor na escola, na família, na vida social.

Era a primeira vez que Luísa ouvia um professor dizer que na escola alguém desaprende. Simpatizara com ela:

– Por que a gente desaprende na escola? – perguntou.

– Porque a escola pune o erro. Com isso, ela inibe os alunos, que ficam com medo de inovar, assumir riscos, ser criativos. Essas são coisas indispensáveis ao empreendedor. A escola tenta fazer todo mundo ficar igual, seguindo um modelo imaginado por ela, um ser ideal que não existe. Já o empreendedor precisa desenvolver sua identidade, diferençar-se dos demais para ser capaz de ver o que os outros não vêem, o que, em suma, significa saber identificar oportunidades. A escola ensina as pessoas a repetir conhecimentos. Na vida empreendedora, as pessoas têm também que criar conhecimentos: um jeito novo de ajudar pessoas, de resolver problemas, de melhorar a vida, uma nova forma de produzir algo, um novo produto. A escola prepara pessoas para seguir regras, mas o empreendedor é alguém que muda regras, criando outras melhores.

– E a família, por que é um obstáculo?

– Nem todas são. Geralmente, as famílias desejam que os filhos tenham um emprego público ou trabalhem numa grande empresa. Querem estabilidade, ausência de riscos. Isso é impossível. Em tudo há riscos. Quem imagina uma vida sem riscos está fugindo da realidade. Para entenderem melhor como uma família igual à de vocês, classe média alta, inibe o potencial empreendedor de uma criança, vou contar uma história:

Um menino de 7 anos disse ao pai:

– Papai, o meu sonho é ser motorista do caminhão do lixo.

O pai, que tinha diploma de curso superior, não gostou e fingiu que não ouviu; queria que o filho fosse advogado, médico ou engenheiro. Na semana seguinte, o filho insistiu:

– Papai, eu adoro o caminhão do lixo. É grande, tem uma porção de alavancas na direção; atrás, tem uma máquina que aperta o lixo. O motorista controla aquilo tudo; anda devagar, impedindo o trânsito, mas ninguém buzina. Há sempre duas pessoas que correm junto, às vezes três ou quatro. O motorista comanda todas elas. Meu coração dispara quando vejo o caminhão do lixo.

O pai percebeu que não conseguiria fugir do assunto. Temeu que, se não interviesse, o filho seria motorista do caminhão do lixo quando crescesse. À noite, depois de discutir com a esposa, cada um pondo a culpa no outro, preparou-se para a conversa, que julgava importante para o futuro do filho. E também para ele, por ser uma oportunidade de exercer o papel de pai.

Na manhã seguinte, sentou o garoto na ponta do joelho e disse-lhe:

– Filho, esqueça essa história de ser motorista do caminhão do lixo. Isso não é para você.

Usou muitos argumentos para explicar que o salário não lhe daria condições de comprar uma casa boa, ter um carro, viajar, ter um futuro confortável. O garoto ficou maravilhado com os conhecimentos do pai. Por mais que se esforçasse, não conseguia encontrar palavras para discordar dele e defender o seu sonho.

No outro dia, ao ver o caminhão do lixo, o menino desviou o olhar e tentou segurar o coração que começava a disparar. Fez esforço para esquecer o seu sonho. Aos poucos, foi conseguindo paralisar o coração. No mês seguinte, ainda mais contido, foi capaz de fingir para si mesmo que não tinha visto o caminhão do lixo. Seis meses depois, não mais se emocionava quando via passar o caminhão do lixo.

A professora Helena fez um curto silêncio e disse:

– Eis a história. Na opinião de vocês, o que aconteceu na conversa entre o pai e o filho? O que o menino aprendeu?

Luísa, sentada perto de Delcídio, notou que o amigo estava vermelho como um pimentão. Muitos levantaram a mão e falavam ao mesmo tempo.

– O pai não deixou o menino sonhar.

– O pai tirou a liberdade dele.

– O menino foi forçado a esquecer do que gostava.

– Ele aprendeu que nem todos os sonhos são permitidos.

– É verdade – continuou a professora Helena. – Mas outra coisa, também importante, aconteceu. Ao usar sua capacidade de argumentação e seu poder de pai, ele dissuadiu a criança de procurar construir uma experiência própria. Na conversa com o pai, o menino percebeu que suas emoções não eram levadas em conta na definição do seu futuro. Os conhecimentos do pai não serviam para ajudá-lo a realizar seu sonho. Pelo contrário, diziam a ele que a emoção que o caminhão do lixo despertava nele era bobagem, devia ser abandonada.

Delcídio não conseguiu se conter. Reuniu forças para emitir uma opinião contrária às demais, o que não era do seu feitio:

– Professora, os pais sabem mais do que os filhos. E eles amam os filhos, querem o seu bem.

– Concordo com você, Delcídio. Algumas coisas eles sabem mais do que os filhos, como matemática, geografia, leis, política, etc. Não estou falando desse tipo de conhecimento, mas de outro, que diz respeito ao que cada um de nós deve saber sobre si mesmo. Esse conhecimento, cada um tem que desenvolver sozinho.

Percebendo o interesse dos alunos em torno do tema, a professora Helena encompridou o assunto:

– Os livros, que tanto ensinam, não são suficientes nessa situação, porque o que vale é a experiência, principalmente quando a pessoa busca fazer o que ela gosta, quando se trata de testar as próprias emoções. Vejam as criancinhas, por exemplo. Ao brincar, ao aprender a andar e falar. A criança está experimentando o mundo e a si mesma através das relações que estabelece com as pessoas e com a natureza. Somos marcados também pelas relações que estabelecemos com os nossos sonhos. Se estes são adequados à nossa forma de ser e se temos coragem de correr atrás deles, podemos estar construindo a nossa felicidade. No entanto, nós não somos estimulados a formular os nossos sonhos nem em casa e nem na escola. Os sonhos vêm prontos para nós. E com caminhos já traçados.

– Muita gente me faz a pergunta: "O que você quer ser quando crescer?" – disse um aluno.

– O menino de classe média já sabe que causará decepção se disser: "Quero ser lixeiro." O importante é compreender que isso é muito diferente de perguntar: "Qual é o seu sonho?" E diferente por quê? Porque a pergunta não se refere à criança, mas ao que ela será quando crescer. Isso quer dizer que não se considera a criança como tal, mas como o adulto que um dia será.

Um silêncio pesado caiu sobre a classe. A meninada parecia precisar de tempo para compreender direito a importância da observação da professora Helena. E ela percebeu isso, porque demorou um pouco para retomar o que vinha dizendo:

– Na história que contei, a grande questão do menino era verificar se o seu sonho era adequado a ele. Para isso, deveria responder às seguintes perguntas: "O que é necessário para ser motorista do caminhão do lixo?", "Tenho habilidade para isso?", "Terei prazer em dirigir, acordar cedo, trabalhar nisso todos os dias?", "Com essa profissão desenvolverei as minhas habilidades, atenderei minhas curiosidades, realizarei outros sonhos?".

– Professora, pela lei, uma criança de 7 anos é proibida de dirigir caminhão. Como ela vai ter certeza se gosta ou não?

– Conhecendo a profissão. Ao conhecer o ambiente do sonho, o menino estará em condições de decidir e de mudar o sonho se quiser. Notem uma coisa importante: a necessidade do conhecimento surge quando a pessoa parte em busca da realização do sonho.

– Mas como o menino vai se informar sobre essa profissão?

– Fazendo perguntas ao motorista do caminhão do lixo para descobrir coisas do seguinte tipo: "Qual é o seu salário? Quantas horas você trabalha por dia? É cansativo? Você gosta? Por quê? É melhor do que caminhões de brinquedo? Você viaja, leva os filhos para a praia? Sente-se feliz? Seus filhos gostam da vida que levam? Você quer continuar a ser motorista ou quer ser outra coisa?".

– Professora, acho que o menino ia acabar descobrindo a mesma coisa que o pai disse: que a vida de motorista de caminhão não servia para ele. Iria economizar tempo para ele e evitar que corresse riscos.

– Mas essa não é uma boa economia, porque não se pode economizar na construção da própria experiência. Será que é possível viver sem riscos? O pai, ao inibir o sonho, expôs o menino a um risco maior: o de não saber fazer escolhas sozinho e não aprender a descobrir por si mesmo. Há muitos adultos assim.

– Professora, se a escola, a família e a sociedade atrapalham, como a gente vai fazer para ser empreendedor?

– Este curso foi feito para responder a essa pergunta. Vamos então dizer quem é o empreendedor. É alguém que sonha e busca transformar o seu sonho em realidade. Que sonho é esse? É o sonho que a gente sonha acordado, aquilo que a gente deseja com muita vontade, aquilo que nos apaixona. Mas, para ser empreendedor, não basta sonhar. É necessário agir para transformar o sonho em realidade.

– Como a gente faz para descobrir o próprio sonho?

– Procurando dentro de si. Um sonho deve ser claro. Tentar realizar um sonho pouco nítido é como procurar uma coisa que você não sabe o que é. Como o sonho representa o que a pessoa deseja muito, ela se entusiasma e consegue dentro de si forças para agir e perseverar para transformar o sonho em realidade. É simples assim. Como aprender a fazer isso? Praticando, correndo atrás do sonho. Muitas vezes, sonhamos com algo que aparentemente iria nos deixar felizes. Mas, ao agir, percebemos que era um equívoco, era um sonho que não nos apaixonava de fato.

– E é daí que a gente muda de sonho, como o menino do caminhão do lixo se tivesse feito a pesquisa dele?

– Essa é uma das situações. Porque o empreendedor está sempre buscando o seu sonho; ele jamais pára. Se realizar um sonho, buscará outro. O sucesso dele é estar sempre buscando. E o que é o fracasso para o empreendedor? É desistir de sonhar ou de buscar a realização do sonho. O fracasso, portanto, não é não conseguir, não é errar; o fracasso é desistir.

Deitada na cama de barriga para cima, Luísa lembrou-se da sua reação na hora em que ouviu isso: espanto, incredulidade, encanto. Aquilo era demais! Era exatamente o que ela e Maria tinham conversado. Sonhar era o que elas duas mais gostavam de fazer!

15
COMO REALIZAR UM SONHO?

Na "aula do sonho" do dia seguinte, a professora Helena estava animada. Logo no início, disse:

– Pois bem, vamos às coisas práticas. O nosso curso é bem simples. Ele é baseado em duas perguntas, que cada um de vocês responderá durante o ano. A primeira: "Qual é o seu sonho?"; a segunda: "O que fará para realizá-lo? Como você irá realizá-lo? O que deverá fazer para que ele se torne realidade?". Cada um de vocês irá buscar sozinho os conhecimentos e meios para realizar o seu sonho. Preparei um guia para ajudá-los na formulação e realização dos seus sonhos, que acompanhará vocês durante todo o ano. Chama-se "Mapa dos Sonhos".

Em seguida, a professora pegou de cima da sua mesa um maço de folhas e passou a distribuir o Mapa dos Sonhos para cada aluno. Em cada folha havia perguntas e espaço em branco para o aluno preencher.

A segunda "aula do sonho" incendiou a mente de Luísa com um sem-número de idéias em relação a Maria, Piedade e Eva. No final da aula, a professora mostrou o que é um Plano de Negócios e também um programa de computador chamado MinhaEmpresa: esse software poderia ser usado por aqueles cujo sonho fosse abrir uma empresa.

Ainda deitada em sua cama, repassando o aprendizado do dia, Luísa respirou fundo. O sol da tarde refletia na estrela do teto, dando-lhe vida. Agradecia à sua memória pelos detalhes da "aula do sonho". Todavia, resolveu não abusar dela para o muito que faltava. Por isso, levantou-se da cama e dirigiu-se a sua escrivaninha austríaca para fazer pequenos cartazes com os temas restantes e pregá-los nas paredes do seu quarto. Eram um resumo do que ela chamou de "Anotações da Aula do Sonho", com as quais vinha enchendo um caderno especial. Pretendia lê-las a cada dia, quando pudesse aplicá-las a alguma situação real.

MAPA DOS SONHOS

Meu sonho

O que dá sentido à minha vida? O que me deixa feliz?

Como me vejo. (Conceito de si)

Tenho que aprender sobre mim, aumentar a minha auto-estima. Como sou? Quais são as minhas habilidades? Gosto do jeito como sou? Como acreditar no que faço e que posso provocar mudanças? (A energia e a motivação para aprender sobre mim vêm da emoção provocada pela busca da realização do sonho.)

O sonho se adapta a mim? (Congruência entre mim e o sonho)

O sonho se adapta ao que sou, às minhas preferências, ao meu jeito de ser? Aos meus hábitos?

Tenho liberdade para agir? (Espaço de si)

Eu sou responsável por criar ou procurar um ambiente em que me sinta bem, para que eu possa ter auto-estima elevada, liderar, ser criativa. Tenho que construir um espaço em que eu possa agir com liberdade.

Tenho força para agir? (Energia)

Como sei se estou diante de um sonho empreendedor? Verificando o nível da minha emoção. Se estou muito emocionada, então, terei força para agir, energia para vencer as dificuldades, persistência para continuar quando tudo der errado.

Como convencer os outros a me ajudar a buscar o meu sonho. (Liderança)

Não conseguirei realizar o meu sonho sozinha. Como convencer os outros a me ajudar? Preciso conhecer profundamente tudo o que diz respeito ao meu sonho usando a minha energia e auto-estima. Conhecendo o ambiente do sonho, saberei mostrar aos outros o caminho para a sua realização. Serei capaz de, até mesmo, inspirar as pessoas a terem um sonho igual ao meu.

O sonho é útil para os outros? (Ética)

O meu sonho é útil para os outros, para a comunidade? Ou o objetivo do sonho é apenas o meu enriquecimento pessoal?

Como buscar ajuda para realizar o sonho. (Rede de relações)

Conhecer pessoas e descobrir onde buscar informações. Esta é a minha capacidade mais importante para realizar o sonho. Quais pessoas estão em condições de me ajudar? Onde buscar informações, leituras, sites que me levem a conhecer mais sobre o sonho e aprender a realizá-lo? Quanto mais claro for o meu sonho, mais fácil será identificar quem pode contribuir e de quais leituras e conhecimentos preciso. A energia, o conceito de si e o sonho bem formulado me possibilitarão construir as relações necessárias.

Conhecer tudo sobre o sonho. (Conhecimento do ambiente)

Quando busco a realização do sonho, tenho necessidade de conhecimentos. Utilizo energia e as minhas relações para aprender sobre o meu sonho e saber quais são os recursos necessários para realizá-lo: pessoas, tecnologia, dinheiro. Como adquiri-los? Não posso esperar que alguém saiba tudo e me dê respostas, porque o meu sonho é único. Quanto mais eu souber sobre o ambiente do sonho, melhores condições terei para identificar oportunidades.

O que é necessário para realizar o meu sonho. (Análise dos recursos)

Listar tudo o que é necessário para a realização do sonho: dedicação, perseverança, criatividade, iniciativa, relações, liderança, cooperação de outras pessoas, leituras, conhecimentos, informações, recursos financeiros, recursos técnicos.

Verificação dos recursos que já tenho e o que falta. (Busca de recursos)

Como irei conseguir os recursos que faltam? (Conhecimentos, dinheiro, força de vontade, etc.)

Como administrar os recursos para realizar o meu sonho? (Implementação e gestão)

Depois que conseguir os recursos, como vou finalmente organizá-los para que o sonho se concretize? O que é necessário fazer, na prática, para realizar o sonho? Como vou gerenciar e controlar os recursos que consegui?

Quando será possível realizar o sonho? (Cronograma)

Quando será possível realizar o sonho? Qual a data prevista?

Qual é o próximo sonho?

O sonho realizado deixa de gerar a emoção na intensidade necessária para dar sentido à vida e contribuir para a auto-realização. Portanto, é preciso conceber outro sonho.

16
O SONHO DE LUÍSA

Enquanto anotava, Luísa concluiu mentalmente: "O Mapa dos Sonhos chegou em boa hora." Com ele, seria mais fácil desfazer o emaranhado de idéias que lhe assaltavam a mente e escolher as mais importantes. Para isso, consultaria as suas emoções, o que o tempo livre decorrente do castigo favorecia. Refletiu, imaginou, criou cenários, hipóteses.

Viajou no tempo, passado e futuro, mergulhando em si mesma. Lembrou os sonhos que tivera: conhecer o mar, ser bailarina, pianista, veterinária. Quis ser prefeita para fazer com que todas as crianças de rua tivessem o que comer e onde morar. Contudo, o sonho que sempre estava presente em seu coração era o de ser independente, dona do próprio nariz, alterar o destino que lhe parecia reservado como único projeto de vida: ter um belo casamento e ser coadjuvante do marido. Era um sonho de ser como sua madrinha Fernanda.

– Ah, como tia Fernanda é bonita!

Ainda menina, Luísa não tomara consciência da própria beleza. Aos 9 anos, fascinada pela madrinha, pedira para trabalhar no Sereia Azul. Absorvia tudo o que conseguia: atitudes, jeito de ser e agir, tudo. Aprendia o que era importante naquele negócio: o faro para comprar bem, a capacidade de negociar com fornecedores e aprender com os concorrentes, a habilidade para atender e cativar um cliente, fosse para vender um doce ou um apartamento, pois no bar a tia operava também uma imobiliária. No dia-a-dia, tinha aprendido a fechar o caixa e avaliar os estoques. Entretanto, seu lugar preferido era atrás do balcão, onde o calor da relação com as pessoas a fazia feliz. Às vezes, a madrinha lhe ensinava:

– Luísa, você deve sorrir para os clientes e tratá-los com a maior amabilidade. Não importa se são pobres ou ricos, chatos ou simpáticos. Mesmo que estejam errados, nunca os trate de forma áspera. Se você estiver com raiva, vá lá para dentro, na cozinha, xingue as paredes, chute um caixote, mas depois volte com um sorriso nos lábios.

A menina se interessava por todos:

– Bom dia, seu Gildão, como vai dona Toca? A Lílian passou no vestibular? E o Gildinho, deu notícias lá de Poços de Caldas? Tem conseguido bom preço para o boi gordo?

Até aquele dia, essa era a vida que Luísa queria construir. Porém, a partir do desaparecimento de Maria na enchente, mudou de prioridade. Nos últimos dias, brotava no coração de Luísa um novo sonho: construir uma casa para Eva e Piedade. E para Maria, que em seu coração permanecia viva. Cheia de energia, anotou no Mapa dos Sonhos tudo o que a emoção enviava à sua mente, para que esta a ajudasse a encontrar o caminho da realização do sonho. Adormeceu às três da manhã, com a luz do quarto acesa, lápis na mão e papéis espalhados pela cama.

17

O SONHO GANHA FORMA

Na manhã seguinte, Luísa deixou a cama num só pulo, a mente desperta e o corpo descansado como se tivesse dormido 12 horas. Encontrou as folhas de caderno amassadas entre os lençóis. Releu tudo em poucos minutos, modificou aqui e ali, finalizando a primeira versão do Mapa dos Sonhos que havia feito.

MAPA DOS SONHOS DE LUÍSA

PONTE NOVA DEPOIS DA ENCHENTE

Meu sonho

Fazer uma casa para Maria, Piedade e Eva.

Como me vejo

Acredito que posso construir uma casa. Por que não? Todo mundo faz. Gosto muito do jeito como sou. Só que às vezes eu queria ser grande e bonita, igual à tia Fernanda.

O sonho se adapta a mim?

É claro que se adapta. É diferente de tudo o que já fiz, mas isso não é problema, posso aprender. Eu me entusiasmo ao pensar nele e suponho que tenho as habilidades necessárias.

Tenho liberdade para agir?

Eu me sinto livre para realizar o sonho, para ser criativa e dar expansão à minha forma de ser. Mas sei que dependo de muita gente.

Tenho força para agir?

Vou ficar muito feliz se conseguir realizá-lo. Ele me motiva o suficiente para pensar nele todo o tempo. Nada vai me deter.

Como convencer os outros a me ajudar a buscar o meu sonho.

Vou precisar da ajuda de muita gente e tenho certeza de que meu entusiasmo e minha motivação vão me ajudar a convencer os outros a colaborar.

O sonho é útil para os outros?

Sim, o sonho não é para mim. É para Maria, Piedade e Eva.

Como buscar ajuda para realizar o sonho.

Vou procurar pessoas que entendem de construção. E também ler revistas especializadas. Vou buscar ajuda com a Clara, a Carolina, o Delcídio, a Duda e outros amigos. E, claro, com tia Fernanda. Vou precisar também de pedreiros.

Conhecer tudo sobre o sonho.

Vou ao Depósito Irmãos Sette. Lá eu consigo saber as quantidades e preços do material necessário. Vou precisar de uma planta e de um terreno para construir. Não faço a mínima idéia de como conseguir dinheiro para tudo isso. Através de pessoas e revistas vou buscar todas as informações sobre construção de casas.

O que é necessário para realizar o meu sonho.

Muita coisa: terei que descobrir como se faz uma casa, como convencer os outros a me ajudar. Terei que conseguir dinheiro para comprar material de construção e um lote. Nota: vou ter que fazer tudo sem que mamãe e papai saibam, porque eles não irão concordar.

Verificação dos recursos que já tenho e o que falta.

Ainda não tenho nada.

Como administrar os recursos para realizar o meu sonho?

Vou buscar ajuda com pessoas que sabem administrar a construção de uma casa. Com a planta na mão, com os pedreiros e o material, vamos construir a casa.

Quando será possível realizar o sonho?

A casa tem que ficar pronta o mais rápido possível. Onde elas vão morar?

Qual é o próximo sonho?

Tenho tantos... Depois eu escrevo. Agora estou com muita pressa.

– Ah, me esqueci do mais importante! – exclamou Luísa ao terminar a leitura. Pegando a caneta, acrescentou em "Meu sonho", o primeiro item: "Encontrar Maria e dar assistência a Piedade e Eva: levar comida, roupas, água para tomar banho, para beber, colchões, roupa de cama, etc."

Fizera também desenhos com alguns detalhes. Eram um mapa da Fortaleza da Curva e a planta da casa. A frase de Maria lhe vinha à cabeça sem parar: "Melhor que sonhar é buscar a realização do sonho." Luísa começava a entender o que isso significava: de fato, estava encontrando grande prazer em arquitetar, planejar, antecipar e resolver mentalmente os problemas, preparando-se para a ação e suas incertezas. Jogou os braços para o ar e, com um salto, gritou:

– Eba!

Ouvindo o grito, dona Maria Helena veio acudir a menina, surpreendendo-se com o tamanho do seu contentamento.

– Ainda não tomou café, minha filha! Vai chegar atrasada.

Sorridente, inclinou o corpo para receber o beijo de Luísa no rosto, enternecendo-se com a alegria da menina mesmo sob castigo.

– Vou comendo o misto-quente no caminho, mãe – respondeu Luísa após tomar de um só gole o copo de café com leite.

Chegou ao colégio repleta de idéias e planos, pois precisava agir rápido. Já que estava impedida de levar roupas e comida para Piedade, iria pedir que os amigos fizessem isso em seu lugar, mesmo que tivesse que revelar um segredo há muito mantido sob sete chaves: o local da Fortaleza da Curva.

Até aquele dia, Clarinha, Duda, Carolina e Delcídio sabiam que havia um fabuloso esconderijo, contudo, não suspeitavam onde era. No horário do recreio, Luísa expôs os acontecimentos, o castigo, Maria desaparecida, a Fortaleza da Curva como abrigo de Piedade e Eva e o plano concebido para que eles pudessem substituí-la no socorro às flageladas da enchente.

Olhos brilhando, voz baixa em tom de confidência, os amigos recebiam as tarefas em silêncio, prendendo a respiração para não perder uma só palavra. Luísa não se esqueceu dos detalhes, como o arbusto que escondia a pinguela e o porrete tão útil. Ao narrar a sensação da jibóia subindo pelas suas pernas, abriu a mochila e mostrou a cobra para que não houvesse dúvidas. Os colegas reagiram com um suspiro tão alto e uníssono que fez silenciar o alvoroço do recreio. Os outros alunos olharam curiosos para o grupo e alguns, tendo à frente Lucas, se aproximaram para também olhar para dentro da mochila. Instintivamente, os cinco fecharam o cerco, impedindo qualquer visão.

18
LUCAS

Lucas tinha 14 anos. Era louro, alto, corpo atlético; campeão de natação, gostava de se exibir. Sua beleza provocava suspiros e paixão em todas as garotas do colégio, menos em Luísa, que o considerava frívolo – ou "pancrácio", como dizia. Lucas respondia com rivalidade, escondendo o que seu orgulho impedia de vir à tona: que ele se apaixonara por ela, a única que não estava disponível. Não fossem essas divergências, Luísa e Lucas certamente formariam o casal mais belo de que jamais Ponte Nova tivera notícia.

Mas havia mais um porém: o sexo oposto ainda não ocupava o centro das preocupações de Luísa, movida por outras paixões. Dividia os meninos em duas categorias: os pancrácios e os outros. Escolhia ídolos entre atores de TV e jogadores de vôlei, seguindo padrões lúdicos da idade no seu mundo, e não os próprios instintos. Assim sendo, Luísa esperou que os curiosos se afastassem e disse:

– Olhem os planos que fiz!

Os quatro chegaram mais perto e ouviram com atenção as instruções. Clarinha e Duda providenciariam comida para Piedade e Eva; Carolina ficou encarregada das roupas. Delcídio levaria tudo até o esconderijo. Para as meninas aprenderem o caminho com segurança, uma de cada vez acompanharia Delcídio. A curiosidade de Lucas chegou ao clímax quando viu Luísa mostrar a Delcídio o mapa da Fortaleza da Curva. Os amigos de Luísa voltaram para a sala de aula cúmplices de um grande segredo e de uma missão. Eram voluntários dispostos a tudo.

Luísa decidiu esperar uma ocasião mais adequada para falar sobre a construção da casa. Por isso, não mostrou aos amigos seu Mapa do Sonho nem a planta da casa que havia desenhado. Destacando-se dos demais, ela segurou Delcídio pelo braço e lhe disse ao ouvido:

– Preciso da sua ajuda para encontrar Maria. Temo que ela esteja morta, Delcídio.

Seus olhos encheram-se de lágrimas.

– Por favor, procure em todos os lugares, necrotério, cemitério, sei lá, verifique a lista de desaparecidos. Não posso fazer isso por causa do castigo.

Delcídio não conseguiu conter a emoção. Não conhecia Maria, mas conhecia sua história. Antes que Luísa entrasse na sala de aula, Lucas parou a garota:

– O que vocês estão tramando? Não pode ser nada inteligente. Deve ser alguma bobagem de criança...

Ela cravou os olhos em Lucas e levantou a ponta do queixo, sem dizer palavra. Não sabia se odiava aquele garoto ou se o considerava o rei dos pancrácios. Mas ele não perdia por esperar. Ela saboreava antecipadamente a armadilha que havia preparado. Na saída das aulas, quando todos naturalmente se aglomeram, Luísa se aproximou de Lucas com ar amistoso. Todos notaram alguma coisa no ar. Luísa e Lucas frente a frente, os dois grupos adversários formando círculos atrás. Com malícia, Luísa dirigiu-se a Lucas:

– Tenho um canivete suíço com mais ferramentas do que o seu – disse, mostrando um canivete com todas as 12 peças abertas.

Desde que ganhara um canivete suíço, Lucas exibia com orgulho as suas 18 funções:

– Em Ponte Nova, não há outro igual!

Era escoteiro e se gabava dos seus instrumentos importados. Além do canivete, sua jóia principal, possuía uma lupa que fazia papel pegar fogo, uma bússola que falava, um cantil térmico e uma lanterna de estrada.

O rapaz olhou para ela com sorriso bandido, pressentindo a emboscada ingênua. Ela iria engolir suas palavras logo que ele mostrasse seu canivete. Tirando dos ombros a mochila, abriu de uma só vez o zíper do bolso externo, onde o canivete ficava preso a uma argola. Ao fazer isso, viu cair a seus pés, parecendo se contorcer, a jibóia. Espavorido, largou a sacola e saiu correndo.

Luísa pegou a jibóia pelo rabo e, sem dizer palavra, jogou-a displicentemente no lixo. O efeito foi devastador. Os presentes, incluindo os amigos de Lucas, perceberam que ele havia sido ferido no ponto mais sensível: a reputação de corajoso. Os grupos se dispersaram rindo alto. Mas não ficou só nisso. Ao chegar em casa, Luísa telefonou para a madrinha e contou a história de Lucas e da jibóia. Pediu:

– É segredo, hein, tia? Não conta para ninguém da família dele, ninguém, viu?

Pedir segredo a Fernanda era o mesmo que dizer "Por favor, divulgue isso pela cidade". Por isso mesmo, o apelido dela era "Rádio Difusora de Ponte Nova"...

19
UMA NOTÍCIA INESPERADA

No dia seguinte, Luísa e os amigos voltaram a se reunir no recreio. A conversa era febril. Todos tinham algo a segredar, convencidos de que haviam desempenhado com sucesso as respectivas tarefas. Lucas, ferido nos brios, mantinha-se à espreita, preparando o revide. Luísa dava-se ar de superioridade, aumentando o clima de segredo que cercava a conversa.

Quase aos sussurros, cada um fez seu relatório. Clarinha levara até a Fortaleza alimentos variados: leite longa vida, refrigerantes, água mineral, pão de fôrma, queijo. Duda, um pequeno fogão a gás, para esquentar a macarronada e a carne assada. Além das roupas, Carolina tinha providenciado dois colchonetes, lençóis e travesseiro. E ainda um berço, que estava no quarto de despejo da sua casa. Levara também pá e enxada para fazer uma fossa que servisse de banheiro para Piedade, pois o casarão estava sem água. Delcídio havia reforçado a pinguela e colocado uma moita ainda maior para escondê-la. Todos se alegravam, porque tinham feito mais do que o pedido por Luísa.

Delcídio tinha uma notícia que não vinha da Fortaleza. Esperou todos acabarem de falar:

– Eu procurei Maria em vários lugares.

– E o que descobriu? – Luísa sobressaltou-se.

O garoto resolveu ir logo ao assunto:

– O corpo de Maria foi encontrado.

Luísa rompeu em prantos e foi abraçada pelos amigos.

Delcídio descobrira no cemitério um registro de uma menina

de 11 anos, enterrada como indigente havia oito dias, reconhecida como Maria da Silva, que morava no Alvarenga. Não havia dúvidas.

20

O TRUQUE DAS ENXAQUECAS

Naqueles dias, tia Mestra – que Luísa chamava de "vovó", por ser a irmã mais velha de sua mãe e fisicamente idêntica à sua avó Mália, e que era professora de português do colégio – estava começando a ficar com a pulga atrás da orelha. A julgar pelas justificativas das meninas, tinha razões para concluir que a saúde de Clara, Duda e Carolina estava sendo ameaçada: ora eram acometidas por diarréias, ora por enxaquecas e dores de dente. Entretanto, duas outras evidências faziam suspeitar de algo: a disposição delas atestava saúde invejável e, mais grave, eram amigas de Luísa, a sobrinha querida de quem sempre se podia esperar alguma arte.

De fato, Luísa permanecia sob marcação cerrada. A ordem de Mestra era que não a deixassem sair "sob nenhum pretexto". Se ficasse doente, que chamassem os pais. Mas não conseguia entender a tristeza da sobrinha. Algumas vezes, vira a menina isolada dos amigos, olhar perdido, olhos úmidos.

– O que foi, minha filha? Nunca vi você assim...

– Nada não, tia.

Luísa queria poder dizer que sua melhor amiga estava desaparecida. Ou, talvez, morta.

Mestra chamou a irmã Maria Helena para uma conversa:

– O que está havendo com a Luísa? Nunca a vi tão triste assim. Esse castigo não está fazendo bem a ela, Maria Helena.

– Mas o pai não abre mão... – lamentou a mãe da menina.

Na aparência, Mestra simulava rigidez, conduta que escondia sua indecisão em momentos difíceis. Concordara com a imposição do castigo menos por afiançar tal prática e mais por formalismo – julgava ser esse o papel de professora. Afinal, Luísa era boa aluna; se não tirava as melhores notas, sobressaía quando o apelo era criatividade. Na classe, sentava-se na primeira fila e anotava tudo. Com esse comportamento, atraía a simpatia de quase todos os professores, que tinham desenvolvido o hábito de dar aulas se dirigindo a ela. Ao se concentrar na aula, poupava tempo de estudo em casa, usando-o para o lazer e as leituras. Um dos seus hábitos, no entanto, deixava os professores temerosos. Aprendia os conteúdos associando-os aos fatos de sua vida. Quando não conseguia estabelecer essa relação, formulava perguntas desconcertantes.

– Vovó Mestra, para que serve uma equação do segundo grau na vida prática? Por que a maioria das crianças pobres é negra? Por que decorar a data de nascimento do presidente Garrastazu Médici? Para que serve?

"Luísa é tão diferente...", suspirava Mestra.

21

UMA IDÉIA MALUCA

Naquela noite, dona Maria Helena não conseguia se concentrar no rosário. Pendurada às contas de madrepérola, percorridas por dedos ágeis em ave-marias e pai-nossos, a chave de sua casa balançava, lembrando-lhe que Luísa estava presa ali dentro, sozinha, sem roupas. Ao final da reza, o dedo apertando a madrepérola mais próxima da cruz, percebeu não ter prestado atenção às orações. Com mais fervor, e dessa vez se concentrando em cada palavra, rezou um ato de contrição, pedindo perdão a Deus caso estivesse errada quanto ao castigo dado a Luísa.

No mesmo momento em que dona Maria Helena rezava, Luísa descia, como uma atleta de rapel, do seu quarto no segundo andar para a rua, apoiando-se em grades e apliques, exercício que praticava às escondidas. Trajava calças jeans, camisa pólo, tênis novos. Seguiu direto para as sepulturas das figueiras na praça Getúlio Vargas, onde a esperavam Delcídio, Clarinha, Duda e Carolina.

Como a vigilância aumentara no colégio, Luísa decidira fazer uma reunião em outro lugar para revelar seu sonho. Algumas pessoas, aproveitando a fresca da noite, faziam hora à espera do sono. Foi preciso envolver Luísa em um semicírculo para evitar que fosse vista pelos freqüentadores da praça, especialmente tio Toniquinho, de pijamas e chinelos a cortar as unhas dos pés.

– Até aqui, conseguimos dar assistência a Piedade e Eva. Mas preciso saber se posso contar com vocês para o próximo passo.

Todos consideraram a pergunta de Luísa totalmente inútil. É lógico que estavam prontos para ajudar:

– É só dizer o que quer que a gente faça – resumiu Carolina.

– Quero que me ajudem a construir uma casa para a Maria.

Eles se entreolharam em dúvida sobre o que tinham ouvido. A idéia parecia totalmente absurda. Duda mostrou seu humor, desfazendo um longo silêncio:

– O quê? Construir uma casa...? Isso é coisa de adulto – disse ela. – Que idéia maluca, Luísa! Ou você está zombando da gente ou enlouqueceu de vez!

– Nós não temos dinheiro, não sabemos fazer. Não há como construirmos uma casa – criticou Carolina.

Delcídio surpreendeu-se não só pela idéia da casa, mas por julgar que Luísa não aceitava a morte de Maria. Considerou que ela ultrapassara os limites, mas não ousou decepcioná-la. Clarinha, propensa a seguir idéias novas, apesar de raramente produzir uma, também achou aquela idéia um despropósito.

– Por que não temos condições de construir uma casa? – retrucou Luísa. – Nunca vi jovens construírem casas; mas também nunca vi um que tivesse tentado. Piedade e Eva estão sem teto. Os adultos nada fazem além de discutir. Elas não podem esperar. Mas, se vocês não têm a intenção de me ajudar, vamos esquecer o plano. Sozinha e de castigo, não vou conseguir.

–Você pensou em alguma coisa, Luísa? Se está propondo, é porque tem alguma idéia – disse Clarinha, tentando ser construtiva.

– Esbocei a planta de uma casa, mas ainda tenho alguns problemas a resolver.

Luísa mostrou a planta da casa.

– Onde está a cozinha? – observou Duda.

A planta incompleta confirmou a precariedade dos planos. Os quatro amigos desanimaram. "Como arranjar dinheiro para construir uma casa, um barracão que fosse?", perguntaram-se sem dizer palavra, concluindo que, sem dúvida, aquela era uma idéia estapafúrdia. Segundo eles, Luísa perdera o senso. Duda foi mordaz:

– Luísa, você só tem problemas. Não vi soluções. Lembrou que é preciso ter um lote?

Luísa não respondeu, abalada pelo que ouvia. Eles tinham razão. Foi só naquele momento que ela percebeu o seu erro: apresentara aos amigos uma vontade, uma idéia, sem apontar o caminho para realizá-la. Não havia buscado respostas para os problemas mais importantes. Não tinha se preparado devidamente para demonstrar que sua idéia era viável e, dessa forma, seduzir os amigos.

A menina recriminou-se. "Até parece que eu faltei na segunda aula do sonho!", resmungou consigo mesma. Agora percebia: ela estava motivada pela emoção produzida pela vontade de realizar seu sonho, mas e os outros? Examinavam tudo sob a ótica da razão. Sem o alimento da emoção, não tinham energia para supor que venceriam os problemas e nem para acionar a sua criatividade na busca de soluções. Luísa compreendeu que, para ter seguidores, precisava ser capaz de mostrar caminhos claros, capazes de levar todos a um bom resultado. Se conseguisse fazê-los sentir a mesma emoção que a dominava, talvez abraçassem o sonho dela.

Clarinha presumiu que Luísa precisava de auxílio. Ansiosa, cortou o silêncio com o que lhe veio à mente:

– Sabe quem pode ajudar? O Lucas. O pai dele tem um grande depósito de material de construção e uma olaria. Quem sabe ele nos dá os tijolos? Talvez com pequenos defeitos...

Clarinha arrependeu-se ao ouvir as próprias palavras. Pela expressão dos amigos, concluiu que tinha piorado a situação. Por que não sabia ficar calada?

– Hoje é o dia das besteiras – disse Carolina. – Clarinha, você deveria ter ficado com a boca fechada em vez de dizer uma bobagem desse tamanho. Logo o Lucas? E logo depois da jibóia?

– Essa é a pior idéia que já vi. É melhor ir embora. Construir uma casa não passa de loucura – desabafou Duda, preparando-se para sair.

Delcídio não sabia o que dizer. Queria tirar a amiga daquela situação, mas não sabia como.

Luísa, vítima da sua imprevidência, fez da idéia de Clarinha sua tábua de salvação:

– Lucas? Por que não? Eu sou capaz de pedir ao Lucas. O pior que posso ouvir é um não!

– O pior é a humilhação. Principalmente depois do que você fez com ele! – retrucou Duda.

– Não vou pedir nada para mim. Talvez ele também queira ajudar. Não tenho nada a perder.

"Como não tem nada a perder?", pensou Duda, que disse com malícia:

– Esta cena eu não perco!

O grupo se desfez.

Tão absorta estava Luísa que tropeçou no tio Toniquinho, que enrolava o cigarro de palha:

– Oi, filha – disse ele carinhosamente.

Assustada, a menina abraçou o tio e lhe deu um beijo na face:

– Bênção, tio.

– Deus te abençoe – respondeu Toniquinho, olhando cheio de orgulho a sua sobrinha predileta deixar a praça.

"Droga, só faltava essa", pensou Luísa. "Agora mamãe vai saber que fugi do castigo!" Acompanhada de longe por Delcídio, Luísa alcançou a pequena varanda do segundo andar escalando a fachada do sobrado.

22
SENTINDO-SE SÓ

Antes de dormir, a estrela pregada no teto fez Luísa ver que estava perdendo a confiança dos amigos. Havia assumido um compromisso tolo e, talvez, completamente inútil. Não fazia sentido Lucas dar tijolos para ela. Não se perdoava por não ter tido nenhuma idéia que pudesse convencer seus amigos e a si mesma. Sentiu-se só.

Os redemoinhos que devastavam sua mente anunciavam que aquela seria uma longa noite, cheia de perguntas em busca de respostas talvez impossíveis. O tempo não esperava. Segunda-feira teria que pedir os tijolos ao Lucas. Esse era só o primeiro problema. E os outros? O lote, o dinheiro para o material de construção, o pagamento dos pedreiros... Antes que sc abandonasse ao sono, ouviu os passos de dona Maria Helena, seu Geraldo e de Tina chegando em casa. Em segundos, a porta de seu quarto se abriu e ela pôde ver o rosto dos três aparecendo. Foi então que Luísa percebeu ter deixado no sofá as roupas que tinha usado para sair de casa. Pulou da cama e sentou-se em cima para escondê-las.

– Tudo bem, minha filha? – cumprimentou dona Maria Helena, o coração apertado por ter infligido o castigo à menina.

Arrependida, havia decidido usar todo o seu poder de argumentação, naquela mesma noite, para convencer seu Geraldo a suspender o castigo. A lição já fora dada. Ele teria que compreender. Ao ver Luísa sentada em cima das roupas, Tina quase pôs tudo a perder, mas a irmã lhe sorriu com cumplicidade e disse ao ouvido, quando retribuiu o beijo de boa-noite:

– Depois te explico.

Já no quarto, de camisola, dona Maria Helena falou sério:

– Geraldo, penso que a Luísa já foi punida o suficiente.

Seu Geraldo não se conformava que ela usasse uma touca de meia para dormir. Tirava o romantismo. Que adiantava a mulher ter o cabelo bonito durante o dia se era para os outros? Ela deveria estar bela para ele. Pensando sobre isso, respondeu:

– Eu só concordei com esse castigo para não contrariar você, Maria Helena. Aliás, achei uma péssima idéia. Onde já se viu prender uma menina? Deixá-la em casa em trajes de dormir?

Foi demais para dona Maria Helena. Duas lágrimas gigantes despencaram sobre os seios fartos. Sentiu-se injustiçada.

– Que calúnia! – replicou chorosa. (Ela sempre dizia "que calúnia" quando se sentia ofendida.)

– A idéia foi sua. Eu só estou mantendo o castigo porque sei que você queria uma punição exemplar para Luísa.

Do seu quarto, Luísa percebeu, pelo tom das vozes, que havia uma discussão. Não sabia explicar a sensação, mas o seu instinto lhe cochichava ao ouvido que o castigo estava prestes a acabar.

23
QUANDO O MELHOR É TER DÚVIDAS

Naquela manhã de sábado, dona Maria Helena e seu Geraldo estampavam alívio no rosto. Bem cedo, foram acordar Luísa com a notícia do término do castigo. A mãe disse-lhe, entre um afago e um beijo.

– Eu e seu pai pensamos que você já aprendeu a lição.

Mesmo tendo passado a noite em claro, Luísa vestiu-se num pulo e ganhou a rua imediatamente, querendo gozar cada segundo da sua liberdade. Andava a passos largos, quase correndo. No caminho, colheu margaridas, beijos e flores do campo para levar ao cemitério de Palmeiras, onde eram enterrados os indigentes. Dirigiu-se à administração.

– Gostaria de saber onde fica a sepultura de Maria.

– Maria de quê? – perguntou o funcionário.

– Maria do Socorro.

– Quando morreu?

– Entre os dias 22 e 27 de janeiro deste ano. É uma menina da minha idade, 11 anos.

O funcionário demorou procurando o atestado de óbito e a guia para o enterro, arquivados por data.

– Aqui está. Foi enterrada como indigente. Veja aqui. Este é o atestado de óbito.

Luísa leu o atestado. Seu rosto se iluminou:

– Não é de Maria! Ela se chama Maria do Socorro. Aqui diz "Maria da Silva"!

– Foi a única criança que morreu naqueles dias – disse secamente o homem.

– Além disso, Maria tem cabelos castanhos, pele branca. Aqui diz "cor parda".

O funcionário olhou para Luísa:

– No cartório, todo indigente não identificado tem o nome de Maria da Silva quando é mulher e João da Silva quando é homem. É proibido enterrar se não tiver nome. Então, inventam.

Luísa não tomou aquele argumento como prova de que o corpo fosse de Maria. As informações eram vagas. Podia não ser... era melhor assim. Anotou a localização da cova e saiu do escritório. O funcionário ainda gritou:

– Para o cartório, todo indigente que morre tem cor parda. Nem sempre vêem o corpo.

Luísa não ouviu, porque já ia longe, satisfeita com sua dúvida. Procurou a sepultura e orou por algum tempo depois de deixar as flores para Maria. Para a Maria que Deus quisesse.

24
GOIABADA COM QUEIJO

Dona Maria Helena, líder do Movimento das Donas de Casa de Ponte Nova, estava em guerra com a alta de preços dos produtos de limpeza. Na ausência de Geraldo e Luísa, tomava Tina para ouvir seus desabafos.

– Isso é um cartel! Sabe o que é cartel? Um acordo entre os fabricantes para elevar os preços. Veja quanta maldade. Assim ninguém agüenta. Só mesmo um boicote. Temos que ter produtos alternativos.

Sábado era dia de faxina e todos tinham obrigação de ajudar. Mas seu Geraldo escapava, dizendo que precisava buscar algo esquecido na repartição pública e que voltaria logo. Aquele era o ritual, a mesma desculpa sempre aceita por dona Maria Helena, que não queria ver o marido envolvido em tarefas caseiras; afinal, era assim com todos os maridos de Ponte Nova. Contava só com Tina, porque Luísa ainda não voltara.

Era hora de colocar colchões, roupas, calçados e tudo o mais ao sol, para evitar o mofo. Ao levantarem o colchão de casal, cujo peso exigiu grande esforço das duas, surpreenderam-se com o que viram. Boa parte do guarda-roupa de Luísa estava ali: saias, calças jeans, blusas, sapatos, tênis, meias. E ainda uma penca de chaves da casa. Tina, rindo por dentro, maravilhava-se com a imaginação da irmã. Ela só não entendia por que Luísa escolhera o colchão dos pais como esconderijo. O berro apoplético de dona Maria Helena ecoou pela casa, ultrapassou os jardins, subiu até a praça Getúlio Vargas e preencheu toda Ponte Nova.

–Luíííísaaaa!

Ao voltar para casa, ao meio-dia, seu Geraldo não conseguiu conversar com dona Maria Helena, que estava novamente sem voz. Mas entendeu por que o castigo tinha voltado depois de Tina lhe mostrar o que estava embaixo do colchão.

O fim de semana não estava sendo dos melhores para Luísa. Além da volta do castigo, uma segunda-feira cheia de ameaças a esperava. Iria se humilhar publicamente perante o arqui-rival pela incompetência de não ter sabido convencer os seus companheiros. Estaria agora sozinha, não fossem a estrela do teto e o travesseiro amigo.

Pelos rituais da casa de dona Maria Helena, sábado era dia de frango, algumas vezes assado, outras ao molho pardo ou com quiabo. No ajantarado de domingo, era constante o feijão tropeiro, prato preferido de seu Geraldo. Na sobremesa, algumas delícias se revezavam – doce de leite, de mamão, ambrosia, arroz-doce, pudim de leite – para servir de coadjuvantes à estrela de cada dia: goiabada-cascão acompanhada de queijo-de-minas.

Na condição de agregado, o que lhe dava a prerrogativa de entrar e sair sem pedir licença, o velho Juca tinha lugar à mesa. Em Ponte Nova, como em todo o interior de Minas Gerais, é comum a figura do agregado, pessoa que, sem laços de sangue, participa da vida da família. Juca era o jardineiro da Prefeitura encarregado de cuidar dos jardins do centro da cidade. Eram poucos, mas bem floridos. Normalmente calado, nesse dia Juca disparou o assunto dos desabrigados, mostrando o jornal *Gazeta Ponte-novense.*

– Está havendo uma epidemia de leptospirose. No Alvarenga, principalmente na Fuzarca, toma-se água do rio sem filtrar, contaminada pela enchente.

– O que é leptospirose? – Luísa quis saber.

– É uma infecção grave, causada por uma bactéria espalhada por ratos – informou a mãe.

– Como é valente o deputado! – comentou Juca, referindo-se ao discurso feito pelo político contra o governador.

– É que o governador não manda dinheiro – disse seu Geraldo.

Luísa disfarçava o seu grande interesse pelo tema. No entanto, mantinha-se atenta, tentando colher alguma novidade. Constatou que o interesse de todos agora se concentrara nos políticos. No almoço, ninguém mencionara os desabrigados. Afastada do Sereia Azul, Luísa não sabia que também ali o tema se convertera em pendenga política.

Naqueles dias, o caixote que Luísa usava para alcançar o balcão estava a serviço do coletor Hildebrando, que, com verve acaciana, preferia atacar o vigário e o prefeito a propor algo concreto para ajudar os desabrigados. Se à mesa Luísa conservava a boca calada, na sua mente gritos ecoavam: "Maria está desaparecida! Piedade e Eva sem casa!" Perguntou a si mesma se todos teriam a mesma atitude caso os desabrigados fossem ricos, e não pobres. E logo:

– Papai, se os desabrigados fossem ricos, será que o prefeito faria alguma coisa?

Seu Geraldo olhou para a filha sem saber o que dizer. Juca interveio:

– Ricos não ficam desabrigados, menina!

25

SEGUNDA-FEIRA BRAVA

Na segunda-feira, hora do recreio, o teatro estava armado. Luísa e seu grupo esperavam em silêncio o momento da sua conversa com Lucas. Delcídio queria que Luísa tivesse desistido. Clara e Carolina apostavam que ela iria surpreender com uma nova idéia. Para Duda, era um desatino. Luísa preferia que aquele momento não existisse. Estava com o seguinte dilema: se não fizesse o pedido a Lucas, perderia a confiança dos amigos. Ao fazer o pedido, seria humilhada perante todo o colégio. Não tinha escolha. A não ser que algo – não sabia o quê – acontecesse. Preparara-se para aquele momento durante o fim de semana, supondo reações, criando hipóteses, construindo e refazendo diálogos e cenas.

Lucas surpreendeu-se vendo Luísa e seus amigos caminharem em sua direção. Ainda não se refizera do episódio da jibóia. Mas a vingança estava em seus planos, no seu olhar. Luísa chegou bem perto de Lucas e seu grupo. Por sua beleza e força atlética, Lucas tinha a seu lado a maioria dos colegas. Ao antecipar esta cena no fim de semana, listando as possíveis reações de Lucas, Luísa decidira usufruir a posição de superioridade que ainda lhe rendia o episódio da jibóia. Saboreou por segundos o desconforto e a ansiedade que sua presença causava nele. Como ela esperava, ao vê-la aproximar-se, Lucas crispara o cenho e cerrara os punhos. Seria capaz de apostar que as mãos dele estavam geladas. Olhou para Delcídio, logo às suas costas. Como previra, ele também estava com os punhos cerrados, olhos fixos nos olhos de Lucas, pronto para defender ou atacar. Sentiu-se protegida.

– Lucas, quero lhe pedir um favor. Precisamos de tijolos e outros materiais de construção. Talvez o seu pai possa doar tijolos com defeitos, impróprios para venda.

Sem entender o pedido, certo de que era outra cilada, Lucas respondeu:

– Você tem que me pedir desculpas! Se você fosse homem, eu quebraria a sua cara!

Delcídio, imediatamente, avançou um passo e se colocou em condições de atingir Lucas com um soco. Luísa tinha previsto a situação e queria evitá-la a todo custo. Um confronto para medir forças favoreceria somente Lucas.

– Parece que você tem um guarda-costas doido para levar uma surra – disse Lucas, insultando Delcídio, que revidou:

– Veado!

Era o que Lucas queria. Ninguém no colégio conseguia medir forças com ele. Iria humilhar Delcídio e vingar-se de Luísa. Delcídio não se acovardara. Estava disposto a tudo. O instinto lhe dizia que Lucas era o seu grande rival, porque também Delcídio alimentava enorme paixão por Luísa. Ele talvez não conseguisse explicar com palavras; no entanto, pressentia que aquele era um confronto inevitável, uma luta pela fêmea amada, para a qual estava geneticamente programado. Com um salto, Luísa se colocou entre os dois e seu corpo quase se colou ao de Lucas, que se viu obrigado a interromper no ar, para não atingi-la, o murro dirigido a Delcídio. Cara a cara, Lucas aspirou o perfume natural que exalava do corpo dela.

– Não viemos para brigar, e sim para lhe pedir um favor – disse Luísa, separando os dois na distância dos seus braços, que ficaram totalmente estendidos.

Fora fácil para Luísa adivinhar que Lucas partiria para o confronto físico. No entanto, ela se surpreendera com a coragem de Delcídio.

– Se você quer brigar, nós vamos brigar. Mas não aqui, que não é lugar, e não no braço, que é coisa de selvagem. Com outras armas...

Disse isso recriminando com o olhar também Delcídio, para não deixar Lucas acuado e mais raivoso, o que seria ainda pior. E voltou-se para Lucas.

– Os tijolos não são para mim. São para pessoas pobres, desabrigadas pela enchente. E eu supus que você, por ter bom coração, certamente iria ajudar. Mas vejo que me enganei.

"Esta menina é mais peçonhenta do que a víbora que colocou na minha mochila!", Lucas praguejou em pensamento, acusando a pressão que vinha de si e dos outros. Sendo para uma causa justa, não podia negar.

Luísa tranqüilizou-se. Ele mordera a isca.

– Já que não é para você, é claro que vou tentar ajudar – disse ele, refazendo-se com um sorriso amarelo. – Mas tenho que pedir ao meu pai. Posso saber para quem são os tijolos?

– São para pessoas muito pobres.

– Amanhã dou resposta.

Os grupos se dissolveram apressados, porque o sinal de fim do recreio já havia tocado. Luísa conseguira sobreviver a uma situação extremamente desfavorável. Ganhara tempo e a idéia da casa não morrera para seus amigos. No balanço da situação, concedia-se a vitória, mesmo que ainda não estivesse no controle. À saída daquele dia, Luísa e os amigos, excitados, comentavam a coragem de Delcídio e imaginavam como Lucas iria se sair desta. Seria difícil esperar até o dia seguinte para conhecer sua resposta.

26
ANIVERSÁRIO DO COLÉGIO

Algo iria ajudar Luísa a reduzir a ansiedade da espera. Naquela terça-feira, dia 7 de fevereiro, haveria uma solenidade para comemorar a fundação do Colégio Imaculada. O aniversário coincidia com a data da reconstrução da ponte que, em tempos idos, permitira aos bandeirantes e depois aos tropeiros fazer a travessia do rio Piranga no caminho de Outro Preto para o Rio de Janeiro. Destruída pelos índios aimorés, em represália à invasão dos brancos, a ponte fora refeita. O nome da cidade vinha dela e praticamente fora dado pelo padre João Dumont, que, da fazenda Vau-Açu, informara ao governador da Província de Minas, Dom Rodrigo José de Menezes, que os bandeirantes poderiam cruzar o rio, pois havia uma "ponte nova", na qual ele, com um olho no comércio, colocara homens para proteger os passantes contra os ataques dos índios.

Para comemorar as duas datas, o colégio fizera um concurso de redação com o tema "Da Fazenda de Vau-Açu ao progresso recente de Ponte Nova", uma deixa para se falar da administração do prefeito. Luísa acabava de ser informada de que sua redação fora a vencedora e que deveria lê-la durante a cerimônia no pátio do colégio, diante do prefeito e de todos os alunos.

Em casa, radiante, dona Maria Helena recebeu Luísa com um caloroso abraço. Mestra havia telefonado, dando a notícia em primeira mão. Diante do prêmio, ela considerou seriamente a suspensão do castigo da jibóia. "Não, da jibóia Luísa já havia sido perdoada, o castigo corrente era... qual era mesmo?", confundia-se dona Maria Helena. Mesmo sem lembrar com clareza o motivo do castigo, dona Maria Helena decidiu comunicar:

– Amanhã, depois da solenidade de leitura da redação, você sairá do castigo.

Luísa valeu-se da situação para pedir que Clarinha passasse a tarde com ela, para ajudá-la a ensaiar a leitura do discurso. Queria a presença da amiga, no entanto, para preparar uma surpresa para o dia seguinte, durante a leitura da redação.

27

LUÍSA FAZ UM PROJETO DE LEI

Onze e meia da manhã, o pátio do colégio era banhado por sol tão quente que as crianças, organizadas em filas diante do palanque, levantavam compassadamente os pés para evitar que colassem no chão. Nas posições de honra estavam o prefeito, Mestra, a diretora da escola e a secretária de Educação. Após a abertura feita pela diretora e do Hino Nacional, Luísa foi chamada a ler a sua redação. Como de praxe, a solenidade seria encerrada com o discurso do prefeito.

Vestido branco de linho engomado, enfeitado por lindos motivos em crochê colorido, sapatos pretos de verniz, soquetes rendadas e fita no cabelo, Luísa subiu ao palco. Estava maravilhosa. Delcídio supôs que o coração iria saltar do peito. Para Lucas, jamais Luísa parecera tão linda. Ele estava roído pela inveja, pois sua redação ficara em segundo lugar. Luísa estava radiante. A agitação do seu peito dava mais brilho aos olhos imensos.

Já pronta para começar a leitura, desviou o olhar para Clarinha e piscou levemente o olho esquerdo, revelando a cumplicidade que as ligava naquele momento. Em resposta, Clarinha levantou os polegares e sorriu abertamente, protegida por um lugar distante na fila.

A leitura da redação correu normalmente. Mestra e a diretora sabiam que não havia melhores palavras que as proferidas com inocência por uma linda menina para agradar o prefeito, que estava a ponto de aprovar verbas para o conserto do telhado do colégio.

Relaxado, o prefeito envaideceu-se com as frases de Luísa e não se preocupou em afastar o raciocínio de que muitos dos alunos ali presentes estariam na idade de votar quando ele fosse candidato a deputado. Olhava a massa de crianças e jovens e via centenas de eleitores. Mestra, que fizera retoques aqui e ali na redação de Luísa, percebeu que terminara a leitura e começou a bater palmas, no que foi seguida por todos. Com um gesto, Luísa suspendeu os aplausos e continuou:

– Além da redação, neste dia histórico, quero contribuir para a minha querida Ponte Nova e também para o meu Brasil, oferecendo um Projeto de Lei, que é o seguinte:

Artigo primeiro: Os adultos da cidade em que for encontrada uma só criança abandonada ficarão proibidos de sonhar durante um mês.
Artigo segundo: Caso haja reincidência, eles ficarão proibidos de sonhar por toda a vida.
Artigo terceiro: Revogam-se as disposições em contrário, tanto as do passado quanto as do futuro.

Luísa sabia que as leis não são criadas por pessoas comuns, mas por vereadores nas Câmaras Municipais, deputados estaduais nas Assembléias Legislativas e por senadores e deputados federais no Congresso Nacional em Brasília. Ela não era vereadora, nem deputada estadual e muito menos deputada federal ou senadora, mas quem iria impedi-la de dar aquela sugestão? Sua esperança era que alguém, de algum legislativo, ouvisse aquela idéia e se inspirasse nela...

Mestra, a jugular esculpindo em seu pescoço um rio azul, olhou para o prefeito desejando que aquilo não estivesse acontecendo. A diretora e a secretária de Educação ainda não entendiam o que se passava. De pé, colérico, o prefeito tomou do microfone e começou a falar. Todavia, aplausos iniciados por Clarinha e seu grupo, seguidos de assobios, gritos e hurras vindos da garotada abafaram sua voz. Ainda no palanque, Luísa jogou os braços para cima e gritou:

– Eba!

Depois, desceu para o pátio, onde as filas foram desfeitas na mais absoluta algazarra. Sem alternativa, as autoridades do palanque começaram a bater palmas lentamente. A cerimônia encerrava-se ao som de alegres vozes infantis. Iracundo, o prefeito foi embora sem se despedir.

28

NEM TÃO PANCRÁCIO

Naquele dia, não haveria mais aulas, mas faltava a resposta de Lucas. Ainda excitados pelo final da cerimônia, boa parte dos alunos permaneceu na porta do colégio. A conversa entre

Luísa e Lucas foi, portanto, presenciada por muitos. Tentando secar as últimas gotas da inveja provocada pela ovação recebida por Luísa, Lucas deixou-se cercar pelo grupo.

– Então, conversou com o seu pai? Ele vai doar os tijolos?

Assim, Luísa colocou Lucas contra a parede.

– Vai, sim – respondeu o rapaz. – Já que é para uma causa justa, papai concordou em doar os tijolos.

Luísa respirou aliviada. A idéia estava de pé, era o impossível que começava a se tornar viável. De certa forma, a menina estava desconcertada, pois Lucas agira com boa intenção e merecia o reconhecimento público.

– Muito obrigada – disse Luísa. – Agradeço também a seu pai. Vocês estão ajudando pessoas pobres.

– Não precisa agradecer. Mas quase esqueço de lhe dizer que os tijolos estão embaixo d'água. Com as enchentes do ano atrasado, a barragem de Guarapiranga rompeu-se e as águas do lago inundaram o depósito. Conseguimos tirar tudo, menos os tijolos. São seus. Se decidir apanhá-los, é só me falar que eu lhe dou uma autorização por escrito.

A ironia marcou as últimas palavras. Ele ansiava por dizer aquilo desde o momento em que encontrara uma resposta que o deixaria bem com todos e colocaria Luísa em situação ridícula.

"Que pancrácio mais odiento", pensou Luísa, sem conseguir articular uma resposta. O que tornava a situação mais difícil de suportar era reconhecer que, mesmo dentro da sua canalhice, Lucas fora capaz de agir com argúcia. Conhecia a região da barragem que formava um lago bonito, de água limpa, alimentado por uma nascente. Havia sempre crianças nadando ali. Fazia parte da fazenda da família de Lucas, quase dentro da cidade. Era impossível tirar os tijolos do fundo do lago.

No centro do círculo formado por adversários e amigos, Luísa percebeu que estava sem saída. Temia os últimos, mais que os primeiros. No entanto, não foi capaz de pronunciar uma só palavra. Passos pesados, quase de marcha, foi embora bufando. Murmurava para si:

– Debaixo d'água...

29
UM NOVO CASTIGO?

O dia, que começara esplêndido e no final da manhã trouxera um grande revés, ainda guardava outros dissabores para Luísa. Ao chegar em casa, percebeu logo o cenho franzido de dona Maria Helena, que estava de poucas palavras:

– Já para o seu quarto e não me saia de lá nem para comer! Você está de castigo!

– Mas o meu castigo iria acabar depois da solenidade...

– Este é novo!! – esbravejou a mãe, sem mais delongas.

Mestra havia telefonado para dona Maria Helena narrando o final da leitura da redação. Luísa surpreendera-se. Não tanto pelo castigo, que nos últimos dias se tornara rotina na sua vida, mas por sua mãe não explicar o motivo. Desse jeito, como ela iria saber o que desagradava os adultos? E bem agora, tendo ela acabado de ganhar o concurso de redação!!

Luísa trocou o vestido por uma camiseta e bermudas e deitou-se olhando para o teto. A refração do sol escondia a estrela. Logo ouviu ruídos de pessoas entrando na casa. Saiu da cama e postou-se junto à escada. Chegaram vovó Mestra, tia Fernanda, seu pai e até a querida vovó Mália. Dona Maria Helena arrastava cadeiras. Convidadas para almoçar em comemoração à vitória de Luísa no concurso de redação, elas estranharam ser conduzidas para a sala de visitas. Vovó Mália, sem nada saber, perguntou:

– Onde está a minha netinha querida? Trouxe um presentinho para ela. Como estou orgulhosa... Por que estamos na sala de visitas?

Vovó Mália não conseguia esconder a sua preferência por Luísa, entre todos os netos. Beirando os 80 anos, era conhecida pela corujice desmedida em relação aos filhos. Quanto aos netos, eram "somente perfeitos, maravilhosos".

Vovó Mália era a matriarca da cidade: alegre, protetora, abandonava a mansidão infinita para defender com arrebatamento uma causa ou uma pessoa, fazendo-se líder entre as mulheres e inspirando respeito nos homens. Contudo, por uma particularidade era motivo de troça na cidade. Querendo estar bela para o momento do reencontro com o falecido marido, no céu, fizera seguidas plásticas no rosto. Além disso, a cada visita ao túmulo, engalanava-se, estreando vestidos e jóias. Naquele momento, era a única que não fazia idéia do que se passava. Não sabia que a família estava em polvorosa pelo final do discurso de Luísa.

– E então, cadê a minha Luisinha...?

– Mamãe, temos que tratar de um assunto sério – disse Mestra em tom grave, puxando a mãe pelo braço. – Guarde o seu presente para depois, porque Luísa não o está merecendo.

Vovó Mália olhou com suspeição para a filha. Teve ímpetos de dizer-lhe que estava ficando louca, pois a menina não tinha acabado de ser premiada com a redação? Todavia, preferia ouvir antes de falar. Sentaram-se as três filhas e a mãe nas cadeiras da sala, em volta do tapete em que um leão imponente servira como sugestão de tantas aventuras na mente de Luísa. Todas elas com o tronco ereto, as mãos juntas repousando no colo. Era uma posição de trabalho, sinal de que algo importante iria ser tratado.

Fernanda colhera detalhes sobre o discurso e as reações que provocou e no caminho tirara as suas conclusões.

Luísa desceu alguns degraus da escada até colocar-se em um ponto em que poderia ouvir tudo e ver parte da sala de visitas sem ser vista. "Como é bonita a madrinha Fernanda, quero ser como ela quando eu crescer", pensou. Era a única que sorria, apesar de inquieta, e que não fechava a cara. Por que os adultos fazem cara séria para dizer que o assunto é sério? Daquele jeito, parecem mais velhos e ficam com ar de pancrácios. Por que tia Fernanda mostrava uma expressão diferente?

Mestra tomou a palavra, sisuda.

– A Luísa procedeu muito mal hoje diante de todos os alunos do Colégio Imaculada, do prefeito e das demais autoridades.

Em seguida, narrou o ocorrido para vovó Mália.

– Por isso, aproveito que estamos todos reunidos para comunicar a minha decisão, como professora de Luísa e orientadora pedagógica do colégio. Ela deve ser punida para que não repita nunca mais esse tipo de comportamento.

Vovó Mália não estava gostando daquilo. Como de hábito, falaria por último, depois de ouvir todas as opiniões, concedendo-se mais tempo para refletir.

– Essa menina me deixa doida – disse dona Maria Helena, ameaçando chorar.

Mestra continuou:

– Como educadora e, principalmente, por ser tia de Luísa, tenho que agir de forma exemplar. Não há como evitar suspensão por 15 dias. Ela desrespeitou a autoridade do prefeito e ainda comprometeu a verba para o conserto do telhado. É a penalidade máxima antes da expulsão, tragédia que devemos evitar – terminou ela, toda teatral.

Luísa não supunha que havia cometido ato tão grave. Expulsão? Arrepiou-se. "Por que eu desrespeitei o prefeito? Eu não falei dele...", pensou a menina. Voltou o olhar para a madrinha Fernanda, que se agitava na cadeira, tentando encontrar uma brecha para falar. Sem perder a serenidade, Fernanda por fim levantou as sobrancelhas espessas e falou, olhando nos olhos das irmãs e da mãe:

– Antes de definir e aplicar o castigo, é preciso saber exatamente qual foi o erro dela.

Luísa ficou encantada com o jeito da madrinha de chamar a atenção para o que queria dizer. "Como será que ela adivinhou o que se passava na minha cabeça? É isso aí: por que ofendi o prefeito?", confirmou mentalmente. Percebeu que, embora simples, a pergunta de Fernanda semeara dúvida na cabeça de todos. Seu Geraldo, que não conseguia achar erro no que Luísa fizera, mas tinha aprendido a não discordar, tentou falar e teve a sua voz abafada pela intervenção da esposa.

– Fernanda, não está óbvio o que Luísa fez de errado? Pois o prefeito ofendeu-se e saiu até sem se despedir! Além disso, Mestra está em posição muito difícil, como professora e tia. Se não punir Luísa, será acusada de proteger a sobrinha.

Exaltada, Mestra voltou-se para Fernanda.

– Ora, Fernanda! Ela errou! Temos que educar essa menina!

Sob a capa de seu ar solene, Mestra guardava um espírito sensível. Ao dizer "ela errou", sentiu que aquelas palavras primeiro arranharam suas cordas vocais, depois retumbaram em seu cérebro e, por fim, passaram como um tornado por seu coração. Em uma fração de segundo, percebeu que se deixara trair por um sentimento de frustração e de falso respeito pelo prefeito. E por isso queria punir Luísa! Sim, porque se decepcionara ao perceber que o prefeito poderia se magoar e abandonar a idéia de ajudar o colégio. Estava claro: ela estava decepcionada, o prefeito tinha se magoado, mas qual o erro de Luísa? Desagradar os outros é erro? Merece punição? Mergulhada em tais reflexões, Mestra afligia-se pela reverberação da pergunta de Fernanda em sua mente: "Qual o erro de Luísa?"

Quando Fernanda retomou a palavra, Mestra suspeitou que tivesse pensado em voz alta, pois parecia que a irmã lera seus pensamentos:

– Será que desagradar alguém significa errar? Será que tanto a diretora quanto Mestra e o prefeito têm o direito de tomar as palavras de Luísa como desacato à autoridade deles? Pois foi isso o que fizeram. É por esse motivo que Luísa está sendo julgada agora, não é?

E Fernanda ainda tinha algo a dizer, que não passara pela cabeça de Mestra, mas sim pela de Luísa.

– Por que o prefeito se melindrou se Luísa não falou dele? No seu projeto de lei, ela mencionou "os adultos", não somente o prefeito. Se ele vestiu a carapuça, foi por uma razão muito simples: nós o elegemos para isso. E depois que o elegemos, vamos dormir tranqüilos, porque a responsabilidade passa a ser só dele. Portanto, quem fez a ligação entre o problema dos desabrigados e a responsabilidade do prefeito fomos nós, os adultos, e não Luísa. Na sua ingenuidade, ela julga que, como os adultos dominam o mundo, eles têm a responsabilidade sobre tudo. Há algum erro nisso? Ou será que não é uma grande lição para todos nós? O prefeito deveria, isso sim, reconfortar-se por alguém supor que a sua responsabilidade, inegável, irrefutável, deve ser dividida e recair também sobre os ombros de todos nós.

Fernanda parou um instante para medir o efeito de suas palavras. E então arrematou:

– Além do mais, na sua pureza, Luísa não sabe que muitos adultos perderam há muito a capacidade de sonhar. Portanto, a lei que ela propôs não traz nenhuma pena real para os infratores.

Luísa, no meio da escada, não se conteve e deu um salto; jogando os dois braços para o alto, gritou:

– Eba!

Todos os rostos se dirigiram para a escada. Os presentes não sabiam que estavam sendo ouvidos. Seu Geraldo correu para a escada, mas foi encontrar Luísa já deitada na cama, olhos assustados, peito arfando. Ele estava aliviado com a evolução da conversa lá embaixo; entretanto, diante da filha, quis mostrar severidade, mesmo porque o assunto não terminaria antes de vovó Mália dar sua sentença. Ao olhar para Luísa, tentou camuflar o quanto se orgulhava daquela menina, mostrando a ruga de censura. Ela sorriu por dentro, pois sabia decifrar cada sinal, cada contração, cada segredo daquele rosto amado.

Seu Geraldo desceu de novo. Na sala, todos se voltaram para vovó Mália, esperando sua decisão. A ela cabia o veredicto e a última palavra em todas as reuniões. Ela se levantou da cadeira e disse bem alto, encerrando a reunião:

– Nesta casa não se almoça? Esse prefeitinho de meia-tigela nunca me desceu pela goela. Era só o que faltava: Luísa ficar de castigo por causa dele. Maria Helena, minha filha, chame a Luísa que quero lhe dar este presentinho.

Todos ficaram aliviados. Luísa recebeu aplausos pelo discurso. Foi um dos almoços mais alegres da família. Ao final, depois que todos foram embora, dona Maria Helena abraçou Luísa.

– Está bem, pode sair do castigo.

Depois, confusa, ainda disse:

– Mas só do castigo pela redação, porque ainda continua o castigo da jibóia.

– Mamãe, o castigo da jibóia acabou faz tempo...

Dona Maria Helena riu da sua própria confusão e interrompeu Luísa:

– Quer saber de uma coisa? Cansei, chega de castigos.

30
PERNILONGOS TÊM PROBLEMAS?

O fogo que queimava no subsolo de Ponte Nova e emitia vapor quente pelos bueiros e gretas da calçada fora mitigado pela tempestade daquela tarde. Mas não extinto. Livre de castigos, Luísa estava disponível para se dedicar de corpo e alma aos seus planos. Ela tinha com o que se preocupar. No dia seguinte, logo de manhã, um baita problema a esperava no colégio: Lucas queria resposta sobre os tijolos que estavam debaixo d'água.

Até aquele momento, não fazia idéia de como sair daquela armadilha. Sabia que da sua resposta a Lucas dependia todo o projeto da casa para Maria. Por quê? A razão não tinha a ver com os tijolos em si, mas com a motivação dos seus amigos para ajudar na empreitada, pois nenhum deles acreditava de fato que aquele projeto seria realizado. Sabia que Delcídio estaria sempre a seu lado, mesmo sem acreditar na idéia. Carolina dependeria da opinião de todos. Clarinha, perspicaz, queria colaborar, embora considerasse o projeto inviável. Quanto a Duda, Luísa tomava a sua descrença como definitiva. Recebia dela uma energia contrária, não declarada, mas impossível de ser camuflada. Não conseguia identificar os motivos desse antagonismo, apenas sentia que não havia relação com a idéia da casa.

Naquela tarde, enquanto olhava para o teto onde um pernilongo dormitava bem em cima da estrela, esperando a noite para atacar como um vampiro, Luísa era assaltada por outras preocupações. "Como será que as pessoas constroem casas? Se bem que estou pensando em uma casa simples, pequena, um barraco talvez", disse Luísa para si mesma, querendo reduzir o tamanho do problema. "Como pude esquecer da cozinha? E o terreno? Não haveria de ser no mesmo local, porque continuaria ameaçada pelas enchentes." O pernilongo estacionado na estrela seria o mesmo que lhe fizera vários ataques na noite anterior? Ele levava uma vida sem problemas, diferente da sua, em que tinha que buscar as respostas sozinha... As pálpebras da menina cerravam-se, cansadas da vigília da véspera, apesar de ainda não ser hora do jantar. "Seria melhor desistir?"

Perguntas, tantas perguntas, tantas dificuldades. E Luísa caiu em sono profundo. Dona Maria Helena preferiu deixar a menina descansar em vez de acordá-la para o jantar.

31
APENAS UM MILAGRE?

Luísa acordou cedo, faminta e alegre, de bem com a vida. Abriu a janela do quarto e foi mimada pela carícia do sol, cujos raios fertilizavam a terra ainda molhada de chuva. Amigo naquele horário, o sol mostraria seu lado vilão depois das 11 horas. Foi até a cozinha e preparou o café da manhã, já que a fome não poderia esperar o despertar de dona Maria Helena.

Pôs a mesa do café com carinho: para o pai, uma laranja descascada, a pequena xícara de café e o queijo-de-minas; para a mãe, o copo de café com leite e broas de fubá. Quebrou um ovo e bateu a gema com açúcar na caneca de ágata até atingir o ponto de receber leite quente, preparando a gemada que era o requinte matinal da Tina. Coou o café e sentou-se à mesa para saborear, livre da censura do pai, o seu petisco predileto: pão mergulhado no copo de café com leite. Aquilo era impossível de comer sem fazer bagunça. Desfrutou a liberdade de dar uma dentada no pão molhado, sentindo o café com leite lhe escorrer pelos cantos da boca e pingar na toalha.

Foi a primeira a chegar ao colégio. O silêncio dos amigos traduzia seu prognóstico sombrio para a hora do recreio. Era esperar para engolir o ar de superioridade de Lucas e testemunhar a humilhação pública de Luísa.

– A idéia maluca da casa para Maria terminará hoje – disse Duda para Clarinha e Carolina durante a aula.

– Também acho – comentou Carolina.

– A menos que aconteça alguma coisa – suspirou Clarinha.

– Milagres não acontecem mais – Duda fechou o assunto.

Na hora do recreio, os grupos se formaram naturalmente. Havia algo no ar. Delcídio procurou Luísa:

– Não diga nada ao Lucas. Não converse com ele. Vamos esquecer essa história. Se ele te desmoralizar, eu não sei o que sou capaz de fazer.

Clarinha, que dera a idéia de pedir os tijolos a Lucas, culpava-se:

– Olha, Luísa, nós não precisamos dos tijolos do Lucas. Podemos conseguir outros.

Luísa era determinação pura. Sabia que não havia retorno. O que estava em jogo não era apenas a casa de Maria e a sua liderança, mas sua capacidade de enfrentar situações, de superar obstáculos, de buscar seu sonho. Ela estava exposta à opinião de todos naquele momento. No entanto, era a si mesma que queria provar que era capaz.

– Oi, Lucas, tudo bem? – começou Luísa.

O rapaz demonstrava autoconfiança.

– Os tijolos estão lá, à sua disposição – respondeu.

Como estavam muito perto um do outro, Luísa era obrigada a erguer a cabeça para olhar nos olhos de Lucas, pelo menos 10 centímetros mais alto. Ela não conteve uma provocação.

– Você está oferecendo os tijolos porque estão perdidos, é como se não existissem.

Lucas sorriu, vitorioso. Dedo em riste, disse:

– É fácil fazer caridade com o dinheiro dos outros, não é? Eu sabia que você iria mudar de idéia, que iria desistir.

Luísa permaneceu parada, rosto sério:

– Eu quero os tijolos. Preciso da autorização do seu pai, porque vou apanhá-los.

Lucas reagiu, incrédulo:

– Como? Estão no fundo da represa!

– Isso é problema meu. Eu vou apanhá-los. Preciso só da autorização.

32
SEM CÁLCULO, CUSTO ALTO

Ao se preparar para esse momento, Luísa calculou que, se demonstrasse estar disposta a vencer obstáculos, se externasse sua determinação, ganharia a aprovação de todos. Contudo, não foi assim que reagiram os amigos e demais colegas. Pelo contrário. A partir daquele momento, Luísa virava motivo de troça. Perdera a credibilidade. "Pretensiosa, cabeça dura, orgulhosa", isso era o que pensavam dela.

– Não conte comigo. Não quero andar junto com a palhaça do colégio – disse-lhe Duda, indo embora.

Carolina e Delcídio concordavam com Clarinha:

– Luísa, você surtou! Para que se propor coisas impossíveis como essa de pegar tijolos no fundo do lago?

O término do recreio foi anunciado pela sirene. Luísa estava paralisada, as coisas não tinham saído como esperava. Perdera o controle da situação. Seu corpo voltou para a sala de aula enquanto seu espírito perdia-se no vazio. Sentiu-se novamente só. Que preço alto pagava por agir sem saber os meios para alcançar o que queria. "Que sucessão de asneiras", lamentou-se em pensamento, sentindo que estava perdida.

À saída das aulas, apenas Delcídio a esperava. Ele não disse uma palavra, mas o seu olhar fez com que Luísa recobrasse a auto-estima. Ela recebia o zelo de Delcídio como parte da amizade. Só agora compreendia por que estava sempre perto dela, pronto para tudo. Também era bonito, mas não arrogante como Lucas, que presumia que todas as meninas eram apaixonadas por ele. Instintivamente, deu a mão a Delcídio, e os dois começaram a andar juntos, de volta para casa.

Delcídio não dava conta de si, o corpo tremia. Pela mão de Luísa, um fluxo irradiava-se por todo o seu ser, transformando cada célula em local de prazer. Planaram alguns quarteirões; Luísa descobrindo seu primeiro contato físico, Delcídio desgarrado do chão, em êxtase.

33
SERÁ UM CAPRICHO?

Luísa simplesmente não conseguia calar a frase que derretia seu espírito: "Tudo perdido; a única saída é desistir, abandonar o sonho." Naquele instante, constatou que o novo sentimento que a unia a Delcídio era o único saldo da tentativa fracassada de realizar o seu sonho. De fato, atinava para o que todos achavam evidente desde o início: tudo não passara de uma ousadia irresponsável, um capricho de menina mimada.

"Como, então, se atrevia a enfrentar problemas diante dos quais os adultos se sentiam incapazes e por isso fugiam?", Luísa continuava a ser invadida por pensamentos e perguntas.

Em fração de segundo, olhares de incredulidade e expressões de censura e descrença desfilaram na sua mente, como a voz de Duda: "Isso é coisa de adulto. Que idéia maluca! Ou você está zombando ou enlouqueceu." Surgiu, então, a contraposição: "Mas por que a madrinha me deixou mergulhar no erro, dando-me apoio? Teria sido por pena? Porque o amor dela é cego?"

Sentindo-se envergonhada de tão ingênua, pensando que até mesmo Delcídio sempre soubera que era impossível, disse para si mesma: "É melhor desistir."

34
AS DAMAS DA NOITE

Com o sonho desfeito, durante o resto do dia Luísa sentiu-se distante de si mesma, sem futuro. À noite, adormeceu duvidando até de que a estrela do teto, sua amiga sempre fiel, pudesse lhe oferecer alguma solução.

O sono profundo conduziu Luísa à Ponte Mágica, onde viu duas mulheres. Uma delas, imponente, usando coroa de rainha e vestido de cauda, afirmava:

– É preciso deixar a razão comandar. A ela cabem todas as decisões, pois somente ela sabe separar o certo do errado. Ela nos afasta dos riscos. A razão é a mãe de todos os conhecimentos.

A outra mulher, com o coração à mostra, também bela, mas nua, dizia suavemente:

– Dê ouvido ao seu coração, percorra novos caminhos, ouse fazer o que nunca foi feito. Acredite em si mesma, na sua emoção.

Na corrida da ponte, Luísa se perguntava o que fazer. Deixar-se mover pelo fervor do sonho, que lhe sugeria rumos desconhecidos, ou percorrer a tranqüilidade de caminhos já trilhados por outros? Pendia entre o conhecido e o novo, o definido e o indefinido, entre a razão e a emoção.

Já no fim da ponte, viu as duas mulheres de mãos dadas, cúmplices: uma delas dava motivo à vida, mostrava o sonho. A outra carinhosamente buscava formas para a sua realização.

35

COM QUANTOS TIJOLOS SE FAZ UMA CASA

De manhã, ao acordar, Luísa pulou da cama e jogou os braços para o ar:

– Eba!

A noite, o sono e suas damas mostraram a Luísa que a criatividade pode apontar outras soluções. E que sonhos bem nascidos não se deixam abandonar tão facilmente.

Depois do almoço, Luísa disse para dona Maria Helena que iria passar no Sereia Azul. De fato ia, mas era um álibi para outra visita. Com a planta da casa na mão, passou antes no depósito de materiais de construção Irmãos Sette.

– Eu queria saber o preço dos materiais para construir esta casa – disse a garota, mostrando o desenho que fizera.

O balconista olhou a planta e a devolveu para Luísa:

– Aqui não tem o material...

– É para construir esta casa.

– Assim não é possível. Preciso da lista de materiais: quantos sacos de cimento, quantos metros cúbicos de areia, quantos tijolos, etc., senão, como vou poder fornecer o preço?

– Não dá para o senhor calcular pelo desenho?

O balconista simpatizou com ela.

– Você vai construir uma casa?

– É um trabalho para o meu colégio.

O balconista coçou o queixo:

– A planta está incompleta. Olha, é melhor você conversar com o Rogério Meia-Colher. Ele é pedreiro antigo, quase um mestre-de-obras. Faz ponto aqui todos os dias, depois das quatro da tarde. Volte aqui a essa hora.

– Obrigada – disse Luísa.

36

UM NEGÓCIO DIFÍCIL

Ela se dirigiu ao Sereia Azul. Não para trabalhar, mas para pedir algo a Fernanda, sua tia. Seria uma conversa difícil, porque a madrinha tinha fama de pão-duro. Imaginara todas as perguntas e respostas possíveis, ensaiara seus argumentos e antecipara os dela.

– Bênção, madrinha – e beijou o dorso da mão de Fernanda. Era hábito na família os afilhados beijarem a mão dos padrinhos.

– Você me salvou da suspensão que vovó Mestra queria me dar! disse a menina com meiguice. – Como você sabe argumentar, hein, tia?

Era um agradecimento de coração, que vinha muito a calhar como introdução ao pedido que iria fazer à tia vaidosa.

– Que nada, eu só falei o óbvio. E então, veio me ajudar?

– Vim, mas antes queria conversar uma coisa com você. Você tem muitos lotes vagos, não é?

Fernanda era proprietária também de uma corretora de imóveis. Aproveitava seu grande relacionamento na cidade e também o fato de o Sereia Azul ser ponto de encontro. Olhou com curiosidade para a afilhada – o que ela estaria tramando?

– É claro que tenho lotes vagos. Eu compro e vendo imóveis! Mas por que cargas-d'água você está interessada em um lote?

– Madrinha, estou falando de um lote pequeno, barato. Por exemplo, quanto custa um lote no Alvarenga? Não na parte baixa; num lugar que não seja atingindo pelas enchentes.

– No Alvarenga? Os lotes ali não valem nada.

Fernanda estava cada vez mais incomodada com a conversa.

– Por que você está interessada em um lote no Alvarenga?

– Por que não valem nada? – Luísa ficou curiosa.

– Não é uma boa região. Não tem boa fama.

Agora Luísa entendia por que sua mãe não gostava que fosse amiga de Maria e a proibira de ir até a casa dela.

– Você tem um terreno lá, não tem, madrinha?

– Recebi um lote ali como pagamento de uma dívida. Era pegar ou largar. Está encalhado, ninguém compra, mas não é atingido pela enchente. E agora chega! – disse Fernanda, já no limite de sua curiosidade. – Quero saber o motivo dessa conversa sem pé nem cabeça! Fale, ande.

– Só mais uma coisa, depois explico tudo. Quanto custa esse lote?

– Sei lá. Talvez 1.000 reais.

– Pois bem, vou comprá-lo. Mas quero um bom abatimento. Que tal 500 reais?

Fernanda surpreendeu-se com a proposta e com o atrevimento da sobrinha. No entanto, sua mente de comerciante pôs-se a trabalhar. Vendendo por 500 reais ainda teria um pequeno lucro e ficaria livre do incômodo. Já estava pronta para aceitar a proposta quando caiu em si e percebeu que estava negociando com uma criança.

– Ah!, menina, você me tira do sério! Você nem gente é. Vamos deixar de conversa fiada e vamos trabalhar.

– Não, madrinha, estou falando sério.

Sem entender ainda, Fernanda suspirou.

– Como é que você me pagaria, caso essa conversa tivesse um pingo de realidade?

– Minha proposta é a seguinte: você me vende a prestações. Eu pago com o meu trabalho no Sereia Azul.

Luísa não recebia salário pelo trabalho no Sereia Azul. Mesmo porque se oferecia como voluntária, faltando quando quisesse. É lógico que podia comer tudo o que desejasse: salgados, chicletes, pirulitos, balas, refrigerantes, etc., se bem que tinha que anotar tudo, porque Fernanda controlava.

– Como, se você não ganha nada?

– É justo você me pagar, não é? O favor que peço é você antecipar o que vou ganhar. Um adiantamento.

Fernanda fora pega de surpresa. Já conhecia a determinação da afilhada, mas não sua capacidade de planejar as coisas. "Ela tem razão. É justo que ganhe algo", matutou Fernanda. Até aquele momento, a conversa se dava no passeio, as duas em pé. Fernanda tomou Luísa pela mão e foram para os fundos da loja, deixando o balcão abandonado, o que era habitual. Se alguém chegasse, bateria palmas.

Puxou uma cadeira para si e outra para a sobrinha.

– Para que você quer o lote?

– É para Maria, Piedade e Eva, que é um bebê de 11 meses. A casa delas foi destruída pela enchente. Elas não têm onde morar, estão na Fortaleza da Curva.

– Já sei, aquele lugar onde a jibóia quase te matou.

Luísa entendeu que teria sido melhor não mencionar a Fortaleza, mas continuou:

– Alguém precisa fazer alguma coisa. Os políticos discutem, mas nada acontece. Os desabrigados continuam abandonados.

Fernanda estava cada vez mais estupefata.

– Meu Deus, menina. Sua mãe sabe disso?

– De quê? Do lote? Ainda não.

– Não, estou falando de Maria. Sua mãe sabe que você continua amiga dela?

– Não sei se ainda sou amiga de Maria. Sabe, madrinha, ela desapareceu na enchente...

Fernanda viu os lindos olhos da afilhada encherem-se de lágrimas e não conteve as suas, recolhendo em seu peito a menina adorada. Esperou alguns minutos e tentou mudar o ânimo da conversa.

– Ah, meu Deus do Céu, é muita coisa para a minha cabeça. Eu não dou conta. Você quer me matar, menina? Não chegam as minhas preocupações? Trabalho de sol a sol, comecei criança, vendendo abacate de porta em porta, não casei para não ter problemas com filhos, mas é como se eu os tivesse.

Luísa ficou aliviada. Sabia que quando a madrinha começava a se queixar da vida, a falar do abacate e a explicar as razões de não ter casado era sinal de que já havia cedido, iria ajudar, fosse o que fosse.

– Luísa, de que adianta um lote? Elas terão dinheiro para construir uma casa?

Luísa esperava essa pergunta.

– É claro que não. Eu vou construir uma casa para elas.

Fernanda sabia que poderia esperar tudo da afilhada. Era ousada. Mas aquilo era um desatino. Construir uma casa? Isso não era algo que estivesse ao alcance de uma menina de apenas 11 anos!

– Sabe, madrinha, eu pensei muito e cheguei à conclusão de que, neste momento, esse é o meu sonho. É o que eu quero fazer.

Maria me ensinou que buscar a realização do sonho é melhor do que sonhar.

A conversa sobre os sonhos era conhecida de Fernanda. Por isso, ela a um só tempo ficou comovida e abalada ao perceber o tamanho do problema em que estava sendo envolvida. Teve ímpetos de tomar a decisão tradicional: acabar com aquela idéia maluca de Luísa, contar tudo para a mãe dela e pronto. É verdade que Luísa ficaria triste, mas, para fazê-la esquecer, bastaria dar-lhe uns presentinhos e levá-la a Belo Horizonte para o programa que adorava: almoçar na Camponesa, porque em Ponte Nova não havia churrascaria.

Em vez disso, deixou-se levar pelas ponderações que a situação lhe instigava. Se proibisse a afilhada, não correria o risco do erro e angariaria aplausos da família pelo bom senso de estar protegendo Luísa contra seus próprios excessos. Mas pensou logo: "Ora bolas, o bom senso raramente é inovador, isso é tudo em que não acredito! Não acho que as crianças devam ser protegidas, a não ser dos adultos. Não posso ser burocrática ao lidar com algo tão puro e maravilhoso como o sonho, a emoção de uma criança. Ah! meu Deus, que risco Luísa estaria correndo ao tentar construir uma casa para Maria?"

A resposta lhe veio à mente tão depressa quanto a pergunta: o único risco da menina era não conseguir realizar o sonho. Voltando de seus devaneios, uma pergunta martelava seu cérebro: "Por que supomos que as crianças não são fortes o suficiente para suportar os próprios erros?". Em sua retina, redesenhou-se o rosto de Luísa, ainda como uma pintura impressionista originada da refração de duas lágrimas que mostravam nitidamente aquela alma de menina cheia de vida e emoção. "Meu Deus! Que crime seria proibir o sonho dessa criança sob o argumento de que ele é impossível!", concluiu Fernanda, já convencida de que não trairia a confiança da afilhada.

Luísa via o olhar perdido e os olhos úmidos da madrinha e percebia que seu espírito viajava por difíceis caminhos. Entretanto, guardou silêncio, pois sabia que a tia só tomava uma decisão depois de refletir.

– Está bem, vou lhe vender o lote. Mas fique sabendo que vou cobrar cada centavo – disse Fernanda. – Vou fazer as contas na ponta do lápis e depois discutiremos quanto tempo você terá que trabalhar no Sereia para pagar. Em seguida, assinamos um acordo.

Era opinião de Fernanda que nada deve ser dado de graça. Se Luísa estava querendo comprar o lote, teria que pagar por ele.

– A partir de agora, você não vai poder faltar ao trabalho, mocinha!

Luísa sorriu e gritou:

– Eba!

Em seguida, caiu de beijos em cima da madrinha. Eram quase quatro horas, Luísa se lembrou enfim de que precisava voltar ao Depósito Irmãos Sette.

– Uai, você não vai me ajudar hoje? – admirou-se Fernanda. – Depois de tanto castigo, todo mundo está sentindo sua falta. Não sei como a história da sua lei para as crianças abandonadas chegou aqui ao Sereia. Todo mundo ficou do seu lado, mas ninguém comenta na frente do prefeito, é claro.

Luísa sabia perfeitamente como a história chegara ao Sereia Azul: a própria madrinha, a "Rádio Difusora de Ponte Nova" tinha se encarregado de dar com a língua nos dentes...

– Madrinha, me prometa uma coisa: a história da casa NÃO é segredo! – e Luísa saiu correndo para não levar um peteleco na orelha.

– Me respeite, menina!

37
PREÇOS SALGADOS

Rogério Meia-Colher já estava junto ao balcão do Depósito Irmãos Sette, onde fazia ponto para receber indicações de clientes que queriam seu trabalho. Ao ver Luísa, o balconista pediu o desenho da casa e mostrou a Meia-Colher.

– Veja se ajuda essa menina. Ela quer saber o preço do material para construir este barraco, mas não tem a lista.

Meia-Colher examinou o desenho por um instante. Olhou para Luísa, interrogativo:

– Quantas pessoas vão morar aqui? Faltam coisas...

– Duas pessoas. Não! Três pessoas.

Meia-Colher aproximou-se do balcão. Tirou de trás da orelha um lápis vermelho retangular com grafite grosso e começou a rabiscar a planta para Luísa. Já construíra dezenas de barracões.

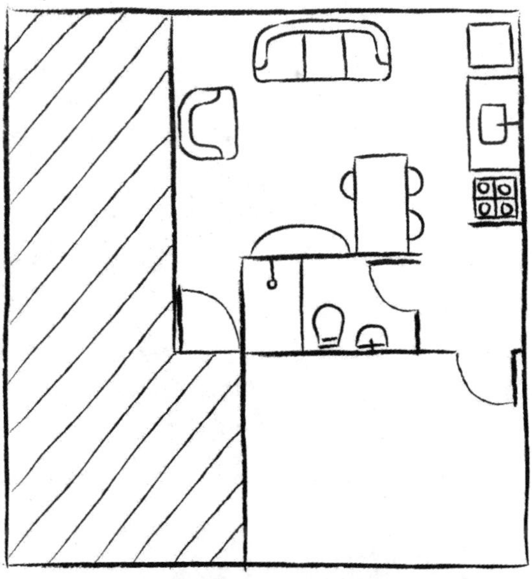

– O melhor que a gente pode fazer, para ficar barato, é um quarto-e-sala. A cozinha deve ser um pouquinho maior para caberem prateleiras que sirvam de despensa. Uma sala de 3x4 metros, com uma mesa, um sofá e televisão. Um quarto de 4x4 para três camas e um armário. Um banheiro com lavatório, vaso e chuveiro. Um tanque do lado de fora da casa.

– Qual é o tamanho do lote? Você sabe se tem água encanada, esgoto, eletricidade?

– Não sei o tamanho; é no Alvarenga.

– Ah!, então, não tem esgoto. Mas tem água e eletricidade. Teremos que fazer uma fossa. Meia-Colher modificou o desenho, calculou a metragem da casa e fez a lista dos materiais. O balconista colocou tudo no computador e imprimiu um orçamento.

Luísa usou a calculadora do balcão para fazer alguns cálculos:

– Bom, 8.791,46 de material e 2.796,40 de mão-de-obra... isso é muito dinheiro. Se conseguir os tijolos, o valor cai para 7.514,66 e o total para 10.311,06. Ah!, seu Meia-Colher, obrigada. Não sei como posso agradecer.

– Às suas ordens, menina!

ORÇAMENTO DA CASA

			Preço	
Descrição	**Unidade**	**Quant.**	**Unit.**	**Total**
FUNDAÇÃO (A+B)				**784,13**
(A) Matéria-prima				565,73
Escavação (contra-barranco)	0	0	0	0
Bota-fora	0	0	0	0
Compactação de vala	0	0	0	0
Lona plástica	m^2	31,00	0,68	21,14
Concreto para fundação	m^3	3,00	110,91	332,73

Descrição	Unidade	Quant.	Preço Unit.	Preço Total
Aço para fundação (ferragem)	kg	180,00	1,18	211,86
(B) Mão-de-obra				218,40
PAREDES E LAJES (A+B)				**3.465,58**
(A) Matéria-prima				2.443,48
Fôrma para piso	m^2	20,80	7,14	148,51
Aço para piso (ferragem)	kg	100,00	1,18	117,70
Concreto para piso	m^3	2,50	110,91	277,28
Tijolos furados para paredes (2.000 unidades)	m^2	80,00	15,96	1.276,80
Laje pré-moldada	m^2	25,00	24,93	623,19
(B) Mão-de-obra				1.022,10
IMPERMEABILIZAÇÃO LAJES (A+B)				**145,20**
(A) Matéria-prima	m^2	33,00	2,70	89,10
(B) Mão-de-obra				56,10
TELHADO (A+B)				**2.502,49**
(A) Matéria-prima				2.259,29
Madeiras para telhado	m^2	38,00	4,26	161,69
Telha de amianto	m^2	38,00	55,20	2.097,60
(B) Mão-de-obra				243,20
PORTAS E JANELAS (A+B)				**343,60**
(A) Matéria-prima				301,80
Janelas	unid.	2	98,00	196,00
Portas	unid.	2	52,90	105,80
(B) Mão-de-obra				41,80
ACABAMENTOS (A+B)				**2.862,20**
(A) Matéria-prima				2.089,40
Azulejo branco	m^2	20,00	12,99	259,80
Tinta para paredes	m^2	120,00	13,60	1.632,00

Descrição	Unidade	Quant.	Preço Unit.	Preço Total
Piso queimado (vermelhão)	m^2	38,00	5,20	197,60
Mão-de-obra (B)				772,80
INSTALAÇÕES				**1.484,66**
(A) Matéria-prima				1.042,66
Encanamento água (com peças sanitárias)	VB	1,00	475,66	475,66
Fios, tomadas, tubos e bocais	VB	1,00	277,00	277,00
Encanamento esgoto / fossa	VB	1,00	290,00	290,00
(B) Mão-de-obra				442,00
Total geral				**11.587,86**

Ao sair do Depósito Irmãos Sette, Luísa viu carrinhos de pedreiro no pátio. Ficavam descobertos ali; alguns estavam velhos e enferrujados mas eram robustos. Ela examinou os carrinhos e voltou para dentro do depósito, dirigindo-se ao balconista:

– O senhor pode me emprestar três carrinhos? Eu devolvo.

– Não posso, pois sem eles não tenho como carregar os caminhões.

Luísa pensou um pouco:

– E sábado e domingo?

– Fechamos sábado à uma da tarde e só reabrimos na segunda. Posso alugar para você. Custa 10 reais cada um.

– Posso comprar fiado? Agora não tenho dinheiro.

– Quem é que vai garantir, caso você não pague?

– Eu sou neta da vovó Mália e sobrinha da Fernanda, do Sereia Azul.

– Ah!, então não precisa nem pagar. É um brinde meu. Pode pegar no sábado.

Luísa ficou orgulhosa da avó e da madrinha:

– E preciso também que o senhor me empreste alguns metros de uma corda bem grossa. Aquela ali.

Ao ganhar a rua, a garota jogou os braços para cima e gritou:

– Eba!

38

POBRE NÃO FAZ PARTE DA SOCIEDADE?

Luísa passou a semana distante dos amigos. No colégio, quase não conversava.

Clarinha culpava-se. Disse aos amigos:

– Luísa está sem graça. Ela percebeu a doidice que iria fazer. De qualquer forma, a situação não é agradável para ela. Talvez tenhamos sido um pouco duros. Vamos chamá-la para fazer o footing?

Era quinta-feira. Dia de footing e namoro em Ponte Nova.

O footing acontecia das sete às nove da noite, na praça Getúlio Vargas, indo da Igreja Matriz até o cinema. Olhando-se a partir da igreja, no lado esquerdo andava a gente da sociedade; no lado direito, a gente pobre. Luísa perguntara uma vez a vovó Mestra em sala de aula:

– Por que gente pobre não é da sociedade?

As mocinhas andavam de braço dado, flertando, dando risada. Os rapazes ficavam de pé, parados, exatamente no meio da avenida, de costas para o footing dos pobres, fazendo gracejos. Quando eram correspondidos, arriscavam acompanhar a moça no passeio para lá e para cá. Com sorte, conseguiam acompanhar a menina até a casa dela no final do passeio, o que era senha de início de namoro.

Ali, as quatro amigas, mais meninas do que moças, estavam mais interessadas no movimento e na conversa do que nos flertes. Assim, Delcídio juntou-se ao grupo. Clarinha falou, evitando mencionar a casa de Maria:

– E a Olimpíada? Temos que nos preparar. Vocês viram o prêmio? Cada membro da equipe vai ganhar um tênis de último modelo, no valor de 150 reais.

A Olimpíada era o grande acontecimento anual do Colégio Imaculada. Por sua tradição, movimentava a cidade e enlouquecia os alunos. As empresas davam prêmios. Quatro equipes, com 10 integrantes cada, disputavam. A Azul, a Amarela, a Lilás – cor do colégio – e a Verde. Havia três categorias de competição. A primeira era a "Gincana", em que as tarefas eram apresentadas na hora. Na segunda, eram disputados "Jogos de Rua", comuns na região, que variavam a cada ano. A terceira e última etapa, decisiva, era "Esportes Olímpicos": vôlei feminino, futebol de salão masculino e natação mista 2 x 100 metros com revezamento.

A natação era uma tradição na cidade desde que, na primeira metade do século XX, vovó Mália, que aprendera a nadar no rio Piranga, fora campeã da Zona da Mata, vencendo competidoras dos colégios de Piranga, Sem Peixes, Rio Casca, Jequeri, Guaraciaba e Viçosa.

Na equipe Azul, comandada por Delcídio, a grande estrela era Duda, maior campeã de natação da história de Ponte Nova. Clarinha e Carolina jogavam vôlei. Luísa era reserva na natação. Nesse ano, a equipe favorita era a Amarela, justamente a de Lucas. Delcídio se entusiasmou:

– Vamos derrotar os Amarelos. Na prova principal, temos a Duda do nosso lado. Precisamos nos preparar mais para a Gincana.

Mas Duda tinha uma surpresa:

– Neste ano eu me inscrevi na equipe Amarela.

Ao ouvir Duda, todos pararam, impedindo o fluxo do footing. Luísa percebeu que estava perdendo a amiga e que as coisas seriam difíceis na Olimpíada. Delcídio, inconformado, tentou convencer Duda, mas sua voz foi abafada por gritos, risos e correria. Lucas corria no meio do footing, arrastando um gambá preso a uma coleira.

39
SEGREDOS QUE SÃO NOTÍCIA

Sem castigos, dona do seu tempo, Luísa se multiplicava. No que dizia respeito a Maria, transformou a dúvida em certeza e fechou os olhos para a pior hipótese. No entanto, durante o sono, as evidências reprimidas pelo consciente conduziam Luísa por sonhos atribulados. Maria desgarrando-se de um pedaço de madeira; Maria sendo levada pela enchente; Maria pedindo socorro. Luísa era despertada pelo som da própria dor.

Dona Maria Helena sabia o motivo de tanta aflição, porque em Ponte Nova os segredos eram notícia, mas preferia não tocar no assunto. Acompanhava o sofrimento da filha e corria de madrugada ao quarto dela, atraída pelo grito indormido de Luísa, para enxugar sua testa e levar-lhe um copo d'água:

– O que foi, minha filha?

Até durante o dia a mãe flagrava a menina conversando com Maria pelos cantos da casa.

Naquele momento, dona Maria Helena estava excitada. Dali a pouco, haveria uma reunião dos lojistas de produtos de limpeza com o Movimento das Donas de Casa de Ponte Nova, MDCPN, de que era presidente. Nada conseguira até aquela data. Os comerciantes alegavam estar de pés e mãos amarrados, porque o preço era definido pelo fabricante. Usou o hábito de falar dos problemas logo de manhã para distrair a filha:

– Não tenho condições de pressionar os fabricantes, porque são de fora de Ponte Nova. Se houvesse pelo menos um aqui, do nosso lado, poderíamos comprar só dele, mostrando a força do MDCPN.

A mente de Luísa estava longe, levada pelas próprias preocupações e pelo costume herdado do pai, de não dar atenção ao falatório matinal da mãe.

– O que você acha, Luísa? – A mãe não desistia de absorver a atenção da menina.

– MDCPN? O que é isso? Mamãe, eu não estou interessada em detergentes.

– Não lidamos só com detergentes, minha filha. O MDCPN se ocupa dos preços de alimentos, de roupas, de eletrodomésticos.

Dona Maria Helena viu os olhos de Luísa novamente se perderem no infinito e desistiu de incomodá-la. "Se mamãe soubesse... Estou interessada mesmo é no preço de cimento, areia, telhas!" Conseguir o lote fora um avanço, mas apenas um passo no longo caminho da construção da casa. Os salários que ela ganharia nos próximos anos no Sereia Azul já estavam comprometidos com o lote. "Como conseguir mais de 10 mil reais para comprar os materiais e pagar os pedreiros?", matutava a menina, vasculhando seu curto passado em busca de habilidades para conseguir dinheiro. Sabia vender goiabas e abacates, bonecas e brinquedos velhos.

Na praia de Meaípe, no último verão, vendera empadinhas feitas por Iracema, cozinheira da família. Elas tinham dividido o lucro. Luísa conseguira verba extra para sorvetes e jogos eletrônicos. Iracema engordara sua pequena poupança. Entretanto, a experiência com a venda de abacates, brinquedos ou empadinhas não se aplicava. Queria se concentrar nas suas preocupações, mas a sigla MDCPN dançava em sua mente, desenvolvendo uma coreografia aparentemente sem sentido. De repente, heureca!, Luísa transformou-se em sorrisos e pulou no pescoço da mãe para beijá-la e abraçá-la.

– Te adoro, mãezinha. Que sigla linda, MDCPN. – E saiu correndo para seu quarto.

Dona Maria Helena alegrou-se ao ver a face da filha desanuviar-se em um grande sorriso. Não entendeu exatamente o porquê, mas suas tentativas de distrair a filha tiveram sucesso.

Depois de espalhar todo o material do baú pelo quarto, Luísa encontrou o que queria: o caderno das aulas de ciências da professora Helena, do ano anterior. Ali estavam as fórmulas para fabricar vários produtos de limpeza: perfume, sabonete líquido, amaciante de roupas, xampu transparente, detergente, desinfetante. E havia também um farto material sobre filtros para água potável. Luísa jogou os braços para cima e gritou:

– Eba!

RECEITAS

PRODUTOS DE HIGIENE PESSOAL E DOMÉSTICA

FILTRO DE ÁGUA

Material necessário: garrafa pet, um balde, areia grossa (previamente limpa) e um pouco de carvão vegetal.

Preparo: Antes de tudo, limpe a areia, colocando-a num balde grande;

encha com água e mexa. Depois, troque a água. Faça isso quatro ou cinco vezes. É muito importante que a areia do filtro esteja limpa.

Faça alguns buracos no fundo da garrafa pet. Lave-a depois de fazer os furos. Esmague o carvão em pedaços pequeninos usando um martelo ou algo semelhante. Não use carvão que tenha pedaços de madeira ainda por queimar. Ponha um pouco de areia na garrafa com buracos e deite alguma água. Certifique-se de que a água saia sem areia pelos buracos do fundo da garrafa. Se a água não passar, precisa de furos maiores. Se sair areia, quer dizer que os buracos estão grandes demais. Nesse caso, tire a areia da garrafa e ponha um pedaço de pano no fundo dela; depois, volte a pegar areia do balde e pôr na garrafa, por cima do pano.

Quando os buracos estiverem do tamanho certo, adicione o carvão, fazendo uma camada com cerca de 8 cm por cima da de areia, que deve ter cerca de 5 cm. Por cima do carvão, coloque mais areia, deixando cerca de 10 cm vazios (ou seja, da boca da garrafa para baixo devem ficar 10 cm sem nada!).

Limpe o filtro antes do primeiro uso. Pouse o balde vazio num piso horizontal e sem irregularidades. Coloque duas tábuas de madeira sobre o balde, depois a garrafa pet por cima das tábuas. Para limpar o filtro, jogue água dentro da garrafa. A água deve escorrer para o balde, normalmente na proporção de 1 litro de água a cada meia hora, por isso não vire muita água de repente no primeiro balde. A água que escorrer no início sairá preta, com carvão fino nela. Depois de uma hora, a água que escorrer para o balde já deverá sair limpa. Nessa altura, o filtro estará pronto para ser usado.

DESINFETANTE (4 litros)

Reagentes: 4 l de água; 20 ml de brancol; 20 ml de formol; 20 ml de óleo de eucalipto/pinho; 4 ml de renex.

Preparo: Misture o renex com o óleo de eucalipto ou de pinho, acrescente a água e, por último, adicione o formol e o brancol.

AMACIANTE DE ROUPA (5 litros)

Reagentes: 250 g de base para amaciante; 4,75 l de água; essência; anil.

Preparo: Coloque a base em um balde plástico. Acrescente a água aos poucos até completar 4,75 l. Misture bem. Deixe de molho de um dia para o outro sempre mexendo. Coloque essência e anil para colorir.

DETERGENTE (6 litros)

Reagentes: 200 g de ácido sulfônico neutro; 5,4 l de água; essência; 500 ml de lauril; sal até engrossar; 20 ml de amida.

Preparo: Coloque a água em um balde plástico e, aos poucos, misture nela a amida e o lauril. Mexa bem até dissolver. Acrescente essência e, por último, adicione o sal aos poucos, até engrossar.

40
LUÍSA PLANEJA A EMPRESA

Luísa procurou a professora Helena depois da "aula dos sonhos", em que um empreendedor fora contar a história da sua ONG, uma organização não-governamental que produzia artesanato feito por mulheres pobres. A turma adorou e ficou combinado de fazerem uma visita.

– Eu já preenchi o Mapa dos Sonhos, mas, como decidi abrir uma empresa, preciso do software de Plano de Negócios MinhaEmpresa.

Conversou um bom tempo com a professora e descreveu seus planos. Explicou que os preços dos produtos de limpeza estavam artificialmente altos, o que significava uma boa oportunidade para quem pudesse fabricar mais barato. Poderia também produzir filtros para água potável destinados aos pobres, que bebiam água contaminada do rio Piranga e estavam pegando leptospirose e outras doenças.

– Que bom você agir de forma empreendedora – disse a professora Helena. – Acho que os produtos de limpeza podem interessar a todos. Mas como vender os filtros para os pobres? Eles não têm dinheiro!

Luísa olhou pensativa para a professora. Voltou para casa com o software MinhaEmpresa e muitas dúvidas sobre o filtro para água potável. Nos dias seguintes, trancou-se no quarto, trabalhando febrilmente no computador. Usou o telefone e a internet para conseguir informações sobre distribuidores, fabricantes, varejistas. Fez pesquisas nas lojas perto de sua casa para saber sobre quantidades vendidas, preço de custo, preço de venda. No final, montou uma tabela com preços dos componentes dos produtos que pretendia fabricar.

Em seguida, com o auxíllio do software MinhaEmpresa, preparou o Plano de Negócios. Deu nome à empresa: **Limpeza Pura**.

UM SONHO REAL

Caro leitor: aqui, é importante observar que a Limpeza Pura foi inspirada em fato real, acontecido durante uma das aplicações do curso Pedagogia Empreendedora. Um aluno de 14 anos disse que o seu sonho era impedir que a mãe continuasse a passar fome. Para isso, decidira traficar drogas.

Mas a mãe revelou que preferia morrer de fome a vê-lo no tráfico. Esse sonho foi discutido em sala de aula e, em grupo, os colegas criaram uma empresa de produção e vendas de material de limpeza, cujos resultados permitiram que o aluno ganhasse o suficiente para realizar seu sonho e deixar a mãe feliz.

COMPOSIÇÃO DOS GASTOS COM MATÉRIA-PRIMA
PARA CADA PRODUTO

Unidade: garrafa de 2 litros

Descrição	**Quantidade**	**Custos**
(-) Desinfetante (2 litros)		**0,34**
Água	2 l	-
Brancol	10 ml	0,04
Formol (conservante)	10 ml	0,03
Eucalipto	10 ml	0,25
Renex (emulsionante)	2 ml	0,02
Garrafa pet	1 unid.	-
(-) Detergente (2 litros)		**0,62**
Ácido sulfônico (espumante)	66,70 g	0,27
Água	1,8 l	-
Essência de coco	1 ml	0,07
Lauril éter sulfato de sódio (espumante)	166,70 ml	0,28
Sal		-
Amida (espessante)	6,70 ml	0,05
Garrafa pet	1 unid.	-

Descrição	Quantidade	Custos
(-) Amaciante (2 litros)		**0,86**
Base praepagem	100 g	0,64
Água	1,9 litros	-
Essência de lavanda	1 ml	0,14
Anil (corante)	0,5 g	0,08
Garrafa pet	1 unid.	-
(-) Filtro de água		**0,01**
Areia	250 g	0,00
Carvão	150 g	0,01
Garrafa pet	1 unid.	-
Total de gastos com insumos		**1,83**

PLANO DE NEGÓCIOS DA LIMPEZA PURA

1. Descrição da empresa / O que a empresa vai fazer

A Limpeza Pura vai fabricar e vender material de limpeza de prédios e de roupas, e também filtros para água potável.

2. Por que criar uma empresa?

O objetivo de criar a Limpeza Pura é gerar recursos para a construção de uma casa destinada à família de Maria.

3. O ramo da empresa / Tipo de produto

A indústria Limpeza Pura vai atuar na área de produção e venda de produtos de limpeza. Vai fabricar também um filtro de água para pessoas pobres que bebem água poluída do rio Piranga.

4. Quem vai abrir a empresa / Os donos

Eu vou abrir a empresa, mas espero que Delcídio, Clarinha, Carolina e talvez Duda me ajudem.

5. Por que os produtos vão vender / Por que a empresa vai dar dinheiro

Em Ponte Nova, os produtos de limpeza estão muito caros. Por isso, o Movimento das Donas de Casa de Ponte Nova está contra as indústrias que fazem esses produtos. A Limpeza Pura vai vender muito, porque todos vão preferir comprar produtos mais baratos.

6. Os clientes / Quem são os clientes / Quem vai comprar

Os clientes da Limpeza Pura serão as donas de casa de Ponte Nova e também as empresas, escolas, órgãos públicos, etc.

7. Outras empresas que lidam com mesmo tipo de produto (concorrentes)

São os supermercados, que vendem produtos muito caros.

8. Descrição dos produtos / Quais são e para que servem os produtos

Os produtos da Limpeza Pura são: desinfetante de eucalipto, amaciante de roupas com cheiro de lavanda, detergente de cozinha, filtro de água feito com garrafa pet de 2 litros.

9. Vantagens dos produtos / O que eles têm de melhor que os outros

Os produtos da Limpeza Pura serão de ótima qualidade, mais baratos e com cheiro mais natural. O filtro de água é barato e fácil de usar. Pode melhorar muito a saúde das pessoas que usam água de rios sujos.

10. Preço dos produtos

Cada produto será vendido por R$ 2,00 em uma garrafa pet de 2 litros. Faremos uma promoção: toda pessoa que comprar uma garrafa de cada produto de limpeza poderá comprar também o filtro por R$ 2,00. Junto, vai receber o endereço de uma pessoa pobre e, assim, vai poder entregar o filtro na casa dela.

11. Como será feita a propaganda

A minha mãe é presidente do Movimento de Donas de Casa de Ponte Nova e vai ajudar a divulgar nossos produtos. Os colegas de escola também vão falar com seus pais. Vamos tentar colocar anúncios gratuitos na rádio e distribuir cartazes.

12. Local de venda / Onde os produtos serão vendidos

Os produtos serão vendidos na garagem da minha casa, que tem localização muito boa para o comércio.

13. Quantidade de clientes / Quantas pessoas vão comprar os produtos

Segundo informações da Prefeitura, em Ponte Nova existem por volta de 14.700 casas. Se 5% delas, cerca de 700, usarem nossos produtos, conseguiremos atingir os nossos objetivos. Estimo que cada casa irá consumir duas garrafas de cada produto por mês. Em relação aos filtros, como não existem dados oficiais de casas pobres, estimo que 20% não tenham filtro. Considerando-se que o filtro entra na promoção, a quantidade projetada de venda dos filtros é a mesma dos outros produtos.

14. Gastos iniciais (antes de a empresa funcionar)

Descrição	**Valor (R$)**
(-) Balcão para venda (porta velha com dois cavaletes)	0,00
(-) Baldes e bacias (vamos usar da minha casa)	0,00
Total	**0,00**

15. Gastos para a empresa funcionar em 1 mês

Descrição	**Quant.**	**Valor (R$)**	**Total (R$)**
Matéria-prima para desinfetante	1.400	0,34	476,00
Matéria-prima para detergente	1.400	0,62	868,00
Matéria-prima para amaciante de roupas	1.400	0,86	1.204,00
Matéria-prima para filtro de água	1.400	0,01	14,00
Salário dos meninos (15 meninos/mês)	15	200,00	3.000,00
Incentivo de Produção aos meninos (R$ 0,50 por unidade)	4.200	0,50	2.100,00
Total			**7.662,00**

16. Total de vendas em 1 mês

			Valor (R$)	
Descrição	**Quant. de casas**	**Quant. por casa**	**unitário**	**total**
Desinfetante	700	2	2,00	2.800,00
Detergente	700	2	2,00	2.800,00
Amaciante de roupas	700	2	2,00	2.800,00
Filtro de água	700	2	2,00	2.800,00
Total				**11.200,00**

17. Lucro em 1 mês

Descrição	Valor (R$)
Total de vendas	11.200,00
Gastos iniciais	0,00
Gastos para a empresa funcionar	7.662,00
Lucro líquido	3.538,00

Antes do Plano de Negócios, Luísa pensava que o lucro de um mês bastasse para cobrir os custos da casa. Era urgente abrigar Piedade e Eva. Mas os cálculos diziam que estava faltando muito dinheiro:

RESUMO

Itens	R$
Valor total da casa	11.587,86
Menos tijolos	1.276,80
Dinheiro necessário	10.311,06
Lucro em 1 mês	3.538,00
O que falta	6.773,06

Seriam necessários três meses de vendas. Luísa voltou às contas e refez a parte financeira, o que não foi difícil com o auxílio do software MinhaEmpresa.

18. Dinheiro que vamos ter no final de três meses (pagando todos os gastos)

	1º mês	2º mês	3º mês	Total
Total de vendas	11.200,00	11.200,00	11.200,00	33.600,00
Gastos iniciais	0,00	0,00	0,00	0,00

Gastos para a empresa funcionar	7.662,00	7.662,00	7.662,00	22.986,00
Lucro líquido	3.538,00	3.538,00	3.538,00	10.614,00

RESUMO

Itens	**R$**
Valor total da casa	11.587,86
Menos tijolos	1.276,80
Dinheiro necessário	10.311,06
Lucro em 3 meses	10.614,00
O que sobra	302,94

41
UMA REGIÃO PROIBIDA

Desde o dia em que dissera a Lucas que iria buscar os tijolos debaixo d'água, Luísa não mais falava com os amigos sobre a sonhada casa de Maria. Isolara-se propositalmente. Pretendia refazer tudo com base no que havia aprendido com os próprios erros.

Era uma bela manhã de sol. Com as aulas tendo acabado mais cedo, Luísa fez um convite aos quatro amigos.

– Quero levar vocês a um lugar.

– Onde? – perguntou Carolina.

– É surpresa. Garanto que vale a pena. Chegaremos lá em menos de 15 minutos.

– Eu não vou – despediu-se Duda secamente.

Clarinha, que queria que as coisas voltassem a ser como eram o quanto antes, ofereceu-se:

– Você pode dizer o que é?

– Garanto que vão gostar.

No caminho, Luísa pensou em contar para eles o que acontecia na Ponte Mágica, mas desistiu. Temia que tomassem aquilo como mais uma prova de seu desatino.

Na avenida Arthur Bernardes, quando viu passar o caminhão do lixo, o coração de Delcídio bateu forte. Ninguém sabia, mas aquela história tinha acontecido também com ele. Durante anos, não conseguia compreender por que aquela visão produzia nele um sentimento dúbio, impregnado de frustração. Desde a "aula do sonho", ele deixava seu coração novamente disparar quando via o caminhão do lixo. Carolina recuou ao perceber que tomavam o rumo do Alvarenga. Era uma zona proibida.

– Não há problema nenhum, é só nós ficarmos atentos – garantiu Luísa.

Delcídio passou a caminhar à frente.

– Então, melhor a gente não se descuidar.

Chegaram a um local seco, não atingido pela enchente. Ali viram uma fileira de tijolos empilhados.

– Este é o lote que comprei para construir a casa de Maria – disse Luísa, cheia de si.

Eles se entreolharam incrédulos.

– E estes são os tijolos do Lucas.

– Não acredito! – entusiasmou-se Clarinha. – Como conseguiu?

– Não foi muito fácil. Eu queria encontrar um jeito de tirar os tijolos do fundo do lago. Quando vi no depósito os carrinhos de pedreiro, tive uma idéia. Fui para o colégio com maiô por baixo da roupa. Saí da aula correndo e mergulhei na represa. Tive sorte:

os tijolos estavam perto da margem, a uma profundidade de 3 metros. Pedi emprestados três carrinhos de pedreiro e 10 metros de corda. Prometi aos garotos que brincam na represa que ganhariam um tijolo a cada dois que tirassem. Como eu precisava de 2.000, eles ganhariam 1.000. Mostrei-lhes a autorização.

– Mas a autorização de retirar tijolos foi dada pelo pai do Lucas para você, e não para eles. Como você lhes deu tijolos que não eram seus? – questionou Clarinha.

– Lembram que eu disse ao Lucas que os tijolos eram para pessoas pobres? Pois bem, aqueles meninos que me ajudaram são pobres.

– É, você tem razão...

– Assim que fiz a oferta, surgiram meninos de todos os lados. Eram mais de 15. Pedi que calçassem com tijolos o fundo do lago, da beirada até a pilha que estava embaixo d'água. Amarramos as cordas nos braços dos carrinhos e os afundamos, seguindo a trilha submersa formada pelos tijolos. Alguns meninos mergulhavam e enchiam os carrinhos, que eram puxados até a margem com as cordas. Outros os traziam até aqui e os empilhavam.

– Incrível – disse Delcídio. – Quanto tempo demorou?

– Eu só tinha o fim de semana, mas foi o suficiente. Os meninos trabalharam até a noite, com lanternas que trouxe de casa.

Luísa estava a ponto de recuperar a confiança dos amigos.

– Como conseguiu o lote? – perguntou Carolina, admirada com o que via.

– Comprei da minha madrinha. Para pagar, vou trabalhar durante anos no Sereia Azul.

– Luísa, você fez tudo sozinha... Por que não me chamou? Não chamou a gente? – disse Clarinha.

– Você não confia em mim! – reclamou Carolina.

– Eu não sabia de nada – comentou Delcídio, sentindo-se traído.

– Minha auto-estima foi lá embaixo depois que vocês não acreditaram que eu seria capaz de tirar os tijolos do fundo do lago. Eu também cheguei a duvidar de mim. A única saída era provar para vocês e para mim mesma que eu seria capaz. Mas ainda preciso de ajuda. Posso contar com vocês?

– Claro! – entusiasmaram-se os três.

42
NINGUÉM GOSTA DE RISCO

Luísa empilhou três tijolos e improvisou um banco, pedindo que os outros fizessem o mesmo. Em seguida, tirou da mochila quatro cópias do Plano de Negócios da empresa Limpeza Pura. Deu explicações sobre o potencial de vendas dos produtos de limpeza em virtude dos preços elevados. E falou da necessidade dos filtros para as populações pobres. Descreveu como os produtos seriam vendidos: quem comprasse os produtos de limpeza levaria também o filtro para uma família pobre.

– Ninguém vai se recusar a ajudar os pobres. Eu pedi à Prefeitura uma relação das casas e das pessoas. Ao comprar, a pessoa recebe um nome e um endereço onde poderá doar o filtro.

– Quem vai vender? Onde?

– Vamos fabricar e vender na garagem lá de casa, é um bom ponto. Talvez eu consiga ainda que o Movimento das Donas de Casa, o MDCPN, nos ajude divulgando os produtos nas suas reuniões. Vou tentar apoio da *Gazeta Ponte-novense.*

Os amigos foram surpreendidos pelas soluções encontradas. Não cabiam em si de entusiasmo.

– Se Duda estivesse aqui, veria que agora você tem respostas – disse Clarinha.

– Luísa, a sua mãe já sabe que você quer construir uma casa para Piedade e Eva? – disse Delcídio. – Ela não é contra?

– Ela não sabe da casa. É contra tudo o que diz respeito a Maria. Preciso dela porque é a presidente do MDCPN. Eu vou ter que convencê-la a colaborar.

Clarinha lia o Plano de Negócios, enfeitiçada pelos cálculos, pelas descrições, pelos detalhes.

– Luísa, quem ajudou você a fazer este Plano de Negócios?

– Eu fiz sozinha, usando o software MinhaEmpresa que a professora Helena indicou, lembra? É de auto-aprendizado e facilita muito para quem nunca abriu uma empresa. Dá um bom trabalho.

– Como conseguiu tantas informações? E esses cálculos?

– Telefonei, perguntei nas lojas, pesquisei na internet. Os cálculos, é o software que faz.

– De quem é a empresa? É sua? Você vai ganhar muito dinheiro!

– Ainda não é uma empresa, é só um plano no papel. Se vocês quiserem transformá-la em realidade, será de todos nós. O lucro que vamos obter irá para a construção de uma casa para a Maria.

– O que você quer que a gente faça?

– Preciso que vocês me ajudem a fabricar e vender os produtos.

Em seguida, mostrou as fórmulas e descreveu os processos de produção, já vistos por eles em aula.

– A garagem lá de casa será a nossa fábrica. Vamos usar garrafas pet de 2 litros. A primeira tarefa é recolher todas as garrafas possíveis.

Clarinha sugeriu:

– Vamos pedir nos bares e restaurantes. E também falar com os nossos amigos.

– Temos que fazer um rótulo para colocar em cada produto e um cartaz, com os produtos e os preços, para distribuir pela cidade – disse Carolina.

Delcídio, habilidoso no desenho e no computador, prontificou-se a fazer uma logomarca.

– Eu faço no computador, em papel adesivo, e também imprimo os cartazes em papel A4.

– Está ótimo! – aceitou Luísa. – Estive pensando e acho que poderíamos trabalhar das duas até as cinco da tarde, todos os dias.

– Mas não vamos conseguir produzir muito sozinhos.

– Nós quatro vamos fabricar as primeiras unidades. Depois que estivermos com prática, vamos chamar os meninos que me ajudaram a tirar os tijolos do lago e treiná-los. A gente paga por garrafa produzida.

– Como pagar se não temos dinheiro?

– Vamos combinar com eles que só receberão se conseguirmos vender. É um risco.

– E o dinheiro para comprar a matéria-prima?

– Vamos comprar fiado para pagar em 30 dias. É assim que tia Fernanda faz no Sereia Azul: compra a prazo e vende à vista. Quem financia é o próprio freguês.

– Se depois de um mês não conseguirmos vender, como iremos pagar? – relutou Carolina.

– Meu Deus! Pessimismo não combina com empreendedor. Se pensarmos de forma negativa, não fazemos nada na vida, gente!!

– Devemos ter responsabilidade. Não podemos fazer as coisas sem pensar nas conseqüências – retrucou Delcídio.

– Concordo, mas, se formos esperar ter certeza, nunca faremos nada – observou Luísa. – Fiz um planejamento detalhado. Todos precisam dos nossos produtos, não são supérfluos. Vamos vender muito barato. O risco é bem baixo, porque diz respeito só às matérias-primas e ao nosso trabalho. Mesmo assim, pode dar errado. Por isso, vamos fazer um teste com os clientes e ver se aprovam os produtos. Só então começaremos a produzir em maior quantidade. Se os clientes não gostarem, teremos duas alternativas: paramos tudo e absorvemos um pequeno prejuízo, que poderemos pagar com as nossas mesadas, ou mudamos o que precisa ser mudado e testamos até acertar. O importante é entender que o Plano de Negócios nos diz somente se a Limpeza Pura é viável ou não. Tudo depende do nosso trabalho, da nossa capacidade. Se trabalharmos muito, poderemos ter lucro.

– Mesmo que os testes sejam favoráveis, não há garantia de sucesso – disse Delcídio.

– É verdade, mas os riscos serão menores.

Clarinha respirou aliviada:

– Assim, o prejuízo será pequeno.

– Meu Deus, vira essa boca pra lá! – falaram os três.

Luísa garantiu:

– Se, apesar de toda a nossa cautela, algo der errado, eu pagarei com o meu trabalho, não se preocupem.

– Na garagem da sua casa não vai caber a nossa fábrica quando chamarmos os meninos – adiantou Delcídio. – Papai tem um galpão em Guarapiranga que está desocupado. Podemos utilizá-lo.

Luísa alegrou-se com o ânimo dos amigos, que saíram da reunião produzindo idéias, antecipando problemas e soluções. Voltaram a formar um grupo coeso, unido por uma visão: construir uma casa. A partir de então, Luísa não precisou mais pensar em tudo sozinha. Eles também estavam suficientemente motivados para liberar a sua criatividade.

43
DE FILHA PARA MÃE

A tarefa que esperava Luísa era espinhosa, pois teria que convencer sua mãe a aceitar a construção da casa e, mais do que isso, transformá-la em vendedora da Limpeza Pura. Ela seria a garota propaganda da empresa, através do MDCPN.

Dona Maria Helena alegrou-se ao ver o semblante descontraído da filha, sinal de que estaria sofrendo menos por causa da morte da amiguinha Maria.

– Como foi a aula, minha filha? Você está com os sapatos empoeirados e a saia suja. Tire que vou lavá-los.

Luísa julgou que o estado de humor da mãe era favorável aos seus propósitos.

– Mãe, lembra-se daquela reunião do MDCPN com os comerciantes de produtos de limpeza? Como foi?

– Foi boa; eles até foram simpáticos; porém, nada conseguimos. Pedimos que reduzam seus lucros. Eles disseram que é difícil, porque o lucro já é mínimo. Mostraram suas planilhas de custos.

Dona Maria Helena estranhou o interesse da filha, mas de qualquer forma era bom que ela se distraísse com outros assuntos.

– Ah!, se tivéssemos outros fabricantes de produtos de limpeza, poderíamos baixar os preços.

– Sei como conseguir um novo fabricante em Ponte Nova – revelou Luísa.

– Como, minha filha?

– Uma empresa chamada Limpeza Pura.

– Nunca ouvi falar. De quem é?

– É minha, mamãe.

Dona Maria Helena sorriu:

– Eu aqui falando sério dos meus problemas e você troçando de mim. Parece seu pai.

– Estou falando sério, mamãe – dizendo isso, Luísa tirou da mochila o Plano de Negócios da Limpeza Pura.

Surpreendida, dona Maria Helena mergulhou na leitura. Suspirava de vez em quando. Luísa sentiu que a havia prendido no anzol e esticou a linha. Descreveu com entusiasmo os seus planos, o processo e o local da produção. A importância da ajuda do MDCPN. Detalhou como concebera tudo, o Mapa dos Sonhos, o software MinhaEmpresa, as pesquisas. E também a promoção dos filtros. Dona Maria Helena entusiasmou-se, orgulhosa da filha.

– Que ótimo, Luísa! A idéia dos filtros é excelente. É bom para que as pessoas em Ponte Nova aprendam a ajudar os pobres. Conte comigo. Quando começamos? Onde vai vender?

– Estou pensando em transformar a nossa garagem em uma loja. É por pouco tempo – disse a garota, temendo assustar a mãe.

Dona Maria Helena não mostrou qualquer reação. Ficou pensativa e depois se entusiasmou:

– E se a gente, através do MDCPN, colocar uma barraca na praça Getúlio Vargas para vender os produtos?

– Eba! Não haveria ponto melhor!

– Então, eu vou tentar. Quando começamos?

– Agora mesmo.

Luísa levantou-se para sair, deixando a mãe pensativa, emaranhada nas tramas da nova idéia. Antes que a menina atingisse a porta, dona Maria Helena perguntou-lhe:

– Minha filha, uma curiosidade. Por que você está fazendo isso? Não foi por causa da nossa conversa do outro dia, foi? O que vai fazer com o lucro da Limpeza Pura?

Luísa chegara a acreditar que ficaria livre dessa pergunta. Mas a realidade costuma soltar cascas de banana pelo caminho. Respondeu a conta-gotas:

– Mamãe, o dinheiro que ganharmos será para os pobres. As vítimas da enchente.

– Que bom, minha filha.

Olhou para os olhos crédulos e admirados da mãe. Não sabia iludi-la.

– Com o dinheiro, vamos construir uma casa para Maria. E para Piedade e Eva, a irmãzinha dela de 11 meses.

Dona Maria Helena entendia agora o empenho da filha. Duas rugas ocuparam o espaço entre as suas sobrancelhas, maculando com preocupação o semblante antes descontraído. A aflição, no entanto, não era causada pelo que parecia óbvio, a casa para Maria. O coração de mãe lhe dizia que Luísa estava se iludindo ao não aceitar a morte de Maria. Tentou chamá-la à realidade:

– Minha filha, a Maria morreu na enchente, você sabe disso.

Luísa surpreendeu-se ao ver que a mãe sabia sobre Maria.

– Ela desapareceu, mamãe. Não quer dizer que não esteja viva.

– Meu Deus, ela foi enterrada!

– Eu fui ao cemitério e vi que a menina enterrada não era Maria do Socorro, e sim Maria da Silva, de cor parda. Maria, a minha amiga Maria, tem a pele clara.

– Minha filha, não adianta tentar se enganar.

As palavras da mãe ameaçaram a dúvida tão protegida.

Luísa convulsionou-se em prantos. As duas ficaram ali, em lágrimas, por alguns minutos. Sem querer, dona Maria Helena, que tanto queria poupar o coração de Luísa, a fizera sofrer. "Meu Deus, o que faço para acabar com a dor desta menina?", pensou.

Luísa tentava conter as lágrimas.

– De qualquer jeito, a Eva é muito pequena, não pode ficar desamparada, mãe.

– Está certo, minha filha, não pode.

Dona Maria Helena não via motivos para não ajudar a filha. No íntimo, começara a perceber que Maria, viva ou morta, inspirava coisas boas em Luísa, como não discriminar pessoas por motivos de renda, cultura, origem, por exemplo. A mãe via que a menina se incomodava com os problemas dos pobres. "Aliás, coisa que muito adulto deveria sentir e fazer. Inclusive eu", confessou dona Maria Helena para si mesma.

No mesmo dia, ela convocou uma reunião extraordinária do MDCPN e fez um discurso inflamado.

– Senhoras – disse, toda solene –, depois de ter exposto todos os detalhes e mostrado o Plano de Negócios, esta é a minha proposta. A Limpeza Pura é uma alternativa contra a carestia. Peço-lhes apoio e mais do que isso: a participação de todas as donas de casa na divulgação dos produtos. E principalmente exorto todas a comprá-los, evitando os supermercados, nossos inimigos. E não se esqueçam dos filtros.

44
PREPARATIVOS PARA A OLIMPÍADA

Luísa ocupou temporariamente a garagem de sua casa e ali montou a pequena fábrica. As primeiras garrafas logo ficaram prontas. Foram testadas pelas integrantes do conselho do MDCPN. Com algumas modificações, os produtos foram aprovados. Luísa estava radiante. Não havia mais segredos em relação à casa para Maria. Correu ao Sereia Azul para contar tudo à madrinha: a conversa com a mãe, os detalhes do Plano de Negócios da Limpeza Pura, a ajuda do MDCPN, os filtros, a reconquista dos amigos. As duas eram cúmplices na admiração mútua, no temperamento, na vida.

– Você é mesmo uma maluquinha – disse-lhe Fernanda.

– Madrinha, uma coisa você tem que me explicar: como mamãe sabe detalhes sobre Maria? Eu só contei para você e lhe pedi segredo... Sua Rádio Difusora! – e saiu correndo para não levar um peteleco.

Para conseguir crédito, Luísa mencionava ora vovó Mália, ora tia Fernanda, dependendo do lugar. No colégio, Lucas encheu-se de inveja ao ver o grupo novamente unido, confabulando em surdina no recreio, mostrando mapas, cálculos, entusiasmo. Mas tinha um trunfo inegável: a ida de Duda para o seu grupo.

– Vamos ganhar a Olimpíada – disse ele para Luísa de forma desafiadora. E referindo-se a Duda: – Temos uma nova arma secreta!!

O colégio se mobilizava. A cobertura do jornal *Gazeta Pontenovense* excitava a cidade. Os alunos, estrelas da festa, viviam um frenesi.

45
PRODUÇÃO EM ESCALA

Após o teste, iniciou-se a produção em escala. A fábrica foi transferida para o galpão do pai do Delcídio, em Guarapiranga. Tarefas foram divididas: Delcídio e Clarinha treinavam os meninos do Alvarenga e cuidavam da produção. Carolina ficou encarregada de conseguir garrafas pet. Luísa era responsável pelas vendas.

Quanto à barraca para as vendas na praça, o vigário negou quando soube que era para Luísa, pois lhe guardava rancor pelo episódio dos epitáfios das figueiras. Tampouco o presidente da Associação Comercial colaborou, pressionado pelos comerciantes que viam a Limpeza Pura como concorrente. Sem o apoio do prefeito, ainda magoado com o seu discurso, Luísa contou com a ajuda do coletor Hildebrando na obtenção do alvará de funcionamento da barraca. Pela forte oposição dos supermercados, o alvará de "atividade beneficente provisória" cobriu somente um mês de funcionamento, e não os três solicitados.

Na Câmara Municipal, alguns vereadores, pressionados pelos donos dos supermercados, protestaram dizendo que era uma atividade comercial como outra qualquer e, portanto não poderia funcionar ali.

Mas era fato consumado. Montada sobre uma das sepulturas, a barraca foi inaugurada com alarde e discursos. As donas de casa de Ponte Nova lotaram a praça. Era uma realização do MDCPN. A cidade se movimentou. A *Gazeta Ponte-novense* deu a manchete "Limpeza Pura combate cartel". O presidente da Associação Comercial declarou que não era contra, mas apoiou os comerciantes. Dona Maria Helena aparecia em foto na primeira página, como presidente do MDCPN, na chamada de uma longa entrevista. O Sereia Azul transformou-se em centro de propaganda dos produtos da Limpeza Pura. O coletor Hildebrando subia no caixote, referindo-se a Luísa, sem medo do linguajar empolado:

— Espírito altruísta manifestado prematuramente nesta juvenísssima criatura. Que idéia exuberante: produtos de limpeza induzindo a doações de filtros às populações ribeirinhas desfavorecidas. E ainda comprometendo o comprador a entregar o filtro pessoalmente! Um assombro de empenho pelo desenvolvimento humano e social...

46

TAMBÉM AS MÃES SE TRANSFORMAM

Quatro dias haviam se passado depois da inauguração da barraca sem que a euforia cedesse no espírito dos envolvidos com a Limpeza Pura. O episódio, que culminara com a entrevista no jornal, tinha posto à mostra uma face desconhecida de dona Maria Helena. Nem ela mesma suspeitava ter ambições de ser algo além de mãe e dona de casa. Habitualmente satisfeita com a parte que, no seu mundo, cabia à mulher, o súbito sucesso fora do lar plantara em seu espírito um germe de inquietude, que logo transbordara em inconformismo.

Justamente por ser tão saborosa a experiência, dona Maria Helena julgava que não deveria ser passageira ou fruto do acaso. Pelo contrário, precisava incorporar-se ao destino da mulher do seu tempo. Não sem razão, a imagem da irmã Fernanda, madrinha de Luísa, tão firme em rejeitar papéis femininos, vinha-lhe à cabeça. Se Luísa não estivesse envolvida com as suas próprias apoquentações, notaria que as atribulações do espírito de sua mãe provocavam modificações no seu modo de ver o mundo e de reagir diante do cotidiano, antes de acordo com papéis preestabelecidos, agora aberto a novidades. Aqueles dias de alvoroço, no entanto, não eram o momento para que o seu ego, habitualmente opaco, fizesse notar a recente e ainda frágil luz própria. Dona Maria Helena percebera que a sua filha de 11 anos estava lhe abrindo a porta de um novo mundo.

47
UMA NUVEM ESCURA

Não poderia haver melhor divulgação gratuita para o lançamento de um produto. O apoio da *Gazeta Ponte-novense*, do MDCPN e do Sereia Azul, ao lado da explosão de procura na barraca na praça da matriz, certamente fariam as vendas ultrapassar o previsto no Plano de Negócios.

Mas ninguém além de Luísa suspeitava que o vento a favor pudesse trazer uma nuvem escura, suficiente para precipitar uma tempestade capaz de afundar os resultados da Limpeza Pura. Contudo, ela ainda não encontrara uma solução contra a ameaça aos seus planos.

Os esforços de Luísa e seus amigos, e não a sorte, diminuíram a densidade da nuvem escura nos céus dos planos de Luísa, mas não foram suficientes para dissipá-la.

Quando soube que a casa que Luísa pretendia construir era para desabrigados, o dono do Depósito Irmãos Sette concordou em vender a prazo todas as mercadorias, à exceção do cimento, produto cartelizado no Brasil e pago à vista. Meia-Colher, espontaneamente, convocou um mutirão para a construção do barraco nos sábados e domingos. Eram pedreiros, pintores, eletricistas, bombeiros, que trabalhavam de graça para se ajudar mutuamente. Dessa forma, o barraco teve a sua construção iniciada logo no primeiro fim de semana que sucedeu à inauguração da Limpeza Pura. Meia-Colher comandou a construção do alicerce.

Dava gosto ver a alegria no rosto daquelas pessoas pobres, unindo-se para ajudar alguém ainda mais pobre. Falavam todo o tempo; faziam brincadeiras, cantavam, riam. Luísa fora ver os trabalhos acompanhada de Fernanda. Dona Maria Helena preparou um feijão tropeiro completo. Fernanda levou algumas garrafas de cerveja e uma garrafa de pinga.

– Madrinha, trabalho não combina com bebida.

– Fique tranqüila, que estou acostumada. A cerveja é para o almoço. A pinga, para depois das quatro horas.

Para as obras não pararem, Rogério Meia-Colher indicara um pedreiro e dois serventes que trabalhariam durante a semana e seriam pagos normalmente.

Tantos acontecimentos favoráveis inspiraram em Luísa uma forma de diminuir as ameaças da nuvem negra nos seus planos. Não era, talvez, a melhor idéia, mas a única. Teria que agir com rapidez. Reuniu Delcídio, Clarinha e Carolina para expor um problema e uma solução.

– Tudo corre melhor do que o previsto, exceto uma coisa. Pelos cálculos do Plano de Negócios, a casa seria paga com o lucro de três meses. Mas conseguimos licença para funcionar só durante um mês.

– Iremos vender muito mais com a propaganda gratuita que tivemos – retrucou Clarinha.

– Mas não podemos depender do acaso, temos que agir.

– Podemos intensificar as vendas, indo de casa em casa e fazendo a barraca funcionar de manhã até a noite.

– É uma boa idéia que podemos implementar, mas não devemos esperar milagres. Pode não ser suficiente.

– Estamos com sorte e isso vale muito – disse Delcídio.

– Tenho cá as minhas dúvidas quanto à sorte – observou Luísa. – Minha tia Fernanda diz que somos nós que criamos a sorte. Eu concordo. Acho que estamos fazendo o destino trabalhar a nosso favor e precisamos continuar assim.

– Só Deus interfere no destino! – reagiu Carolina.

– Nã, nã, não! – fez Luísa, acompanhando o movimento negativo da cabeça. – Tivemos a idéia de fazer um produto cujo preço no mercado está muito alto e com isso ganhamos o apoio do MDCPN, que estava sem saída. Com a venda de produtos de limpeza e a promoção do filtro, atraímos a simpatia das pessoas que sentem que deveriam ajudar os pobres e não o fazem. Isso não é interferir na ordem das coisas? Esses movimentos, essa energia direcionada, geraram conseqüências positivas como a imprensa ter divulgado a Limpeza Pura. Mas os mesmos eventos poderiam ter produzido conseqüências negativas. Por exemplo, se mamãe não aceitasse a idéia da Limpeza Pura, tudo seria mais difícil. É isso que chamo de criar a sorte, interferir nos acontecimentos.

Luísa pegou uma máquina de calcular de dentro da mochila e pediu para Delcídio anotar os números.

– Vamos ao problema. Ficando em operação só um mês, a Limpeza Pura irá gerar um lucro de 3.538 reais. Sendo otimistas poderemos supor um lucro 50% maior, 5.307 reais, valor ainda insuficiente para construir a casa, que custa 11.587,86. Faltarão ainda 6.280,86.

– E os tijolos? Você já tirou do preço total?

– É verdade. Temos que subtrair 1.276,80 do total. Ainda ficam faltando 5.004,06. Como o Meia-Colher organizou o mutirão, pagaremos somente um mês de um pedreiro e dois ajudantes, totalizando 500 reais. Assim, pouparemos 2.296,40 de mão-de-obra. Faltarão ainda 2.707,66, conforme o resumo montado por Delcídio.

– Será que não há nenhum erro no Plano de Negócios? – disse Clarinha. – Por exemplo, os custos não estariam superestimados?

RESUMO

Itens	**R$**
Valor total da casa	11.587,86
Menos tijolos	1.276,80
Subtotal	10.311,06
Lucro em 1 mês	5.307,00
Economia mão-de-obra	2.296,40
O que falta	2.707,66

Luísa foi categórica:

– Claro que pode haver algum erro, mas acho difícil.

– Então, entramos num beco sem saída – disse Delcídio.

48
XÔ, NUVEM NEGRA

Luísa sacudiu a cabeça com vigor:

– Pensei em uma solução: temos que ganhar a Olimpíada.

– Confesso que não vi a relação entre a Olimpíada e o dinheiro para a casa – estranhou Clarinha.

– O prêmio para o vencedor é um par de tênis para cada integrante da equipe. Se vendermos os tênis, poderemos apurar cerca de 1.500 reais. Para isso, todos têm que renunciar aos tênis.

– Eu topo – respondeu Clarinha.

– Nós também – disseram os outros.

– Somos quatro, faltam ainda os outros seis – lembrou Carolina.

– Podemos tentar convencê-los – disse Luísa, e as três meninas olharam para Delcídio, que era o capitão da Equipe Azul.

– Mesmo se todos concordarem, como vamos conseguir vender os tênis, Luísa?

Clarinha tinha certeza de que a amiga já havia pensado nisso também.

– Deixamos na própria loja, em liquidação, a um preço mais barato, com uma placa: "Compre e ajude os desabrigados". A loja vai aceitar vender, porque estará colaborando com os pobres, atuando com responsabilidade social.

Desde que ficara livre dos castigos, Luísa visitava constantemente a Fortaleza da Curva, participando do amparo a Piedade e Eva. Quanto a Maria, seu coração lhe dizia que ainda iria encontrar a amiga. Nem que fosse em sonhos.

– Nenhuma notícia ainda? – lamuriava-se Piedade.

Luísa evitara falar com ela sobre a hipótese da morte da amiguinha. Poupava o coração da mãe, desafiando o próprio desânimo com grãos insossos de esperança.

– Ela está viva, qualquer dia aparece...

Eva dava os primeiros passos sorrindo para Luísa. Não lhe faltava nada e já ganhara algum peso. No colégio, Delcídio, capitão da Equipe Azul, convocara uma reunião para decidir sobre o destino do prêmio. Descreveu o esforço que todos estavam fazendo, o desamparo de Eva e Piedade. Valorizou a força da cooperação: se todos abrissem mão de pouco, poderiam fazer um bem enorme para quem necessitava.

Dois membros da equipe hesitaram. No entanto, logo perceberam que ali não havia espaço para egoísmos. Mesmo de cara triste, compuseram a unanimidade.

– Então, está decidido! – bateu o martelo Delcídio. – Renunciamos ao prêmio. Se ganharmos, ele será revertido para a construção da casa.

49
O DIA-A-DIA NA EMPRESA

A Olimpíada aconteceria dali a 15 dias, no fim de semana. Os treinos intensificaram-se; a piscina e a quadra de vôlei eram disputadas por todas as equipes. Pela tradição do Colégio Imaculada, a prova final de natação, revezamento 2 x 100, misto, era a mais importante e conferia o maior número de pontos. A

Equipe Azul sofria com a ausência de Duda. Delcídio sabia que a prova final seria ganha pela Equipe Amarela, porque Duda era a grande campeã e ele, Delcídio, não era páreo para Lucas. Por isso precisavam acumular vantagens nas duas primeiras fases, Gincana e Jogos de Rua, conseguir boa colocação nas outras modalidades, vôlei feminino e futebol de salão, e ainda torcer para que as outras equipes perdessem pontos.

No galpão, cerca de 12 meninos e meninas, sob a orientação de Delcídio, produziam freneticamente desinfetantes, detergentes e amaciantes de roupa, aplicando conhecimentos adquiridos em sala de aula e transformando-os em produtos úteis.

Na porta da Igreja Matriz, a localização da barraca não poderia ser mais adequada aos produtos da Limpeza Pura. Por ali, desfilavam rotineiramente as maiores clientes, as donas de casa de Ponte Nova, que não perdiam a missa diária. O ponto oferecia outra vantagem: no domingo, o movimento, ao invés de diminuir, aumentava. Grandes encomendas vinham de empresas, hospitais, clubes. Pelos motivos já sabidos, nem a Prefeitura nem a Paróquia manifestaram interesse em adquirir os produtos da Limpeza Pura.

Luísa acompanhava diariamente as diferentes faces do empreendimento, correndo do galpão para a barraca de vendas e vice-versa. No setor de produção, sentia-se muito apoiada pelo bom desempenho do Delcídio. Diante de algumas reclamações de clientes, ele decidiu que todas as unidades seriam testadas antes de serem liberadas para vendas. Se isso resolveu o problema da qualidade, não eliminou o das perdas decorrentes da destruição dos produtos com defeito. Daí a razão de Delcídio ter criado também um controle durante a fabricação, para corrigir os erros antes que virassem prejuízo.

Luísa era a responsável pelas vendas e a elas dedicava cuidado especial, pois entendia que era ali que o lucro acontecia. Na produção, havia só custos. A sua experiência no balcão do Sereia Azul era valiosa.

À tardinha, depois da missa das seis, quando o movimento acabava, Luísa fechava o caixa. Para tanto, fazia o inventário: a quantidade vendida era calculada pela diferença entre a quantidade de produtos que estava nas prateleiras no início do dia, acrescida dos produtos enviados da produção e subtraída da quantidade de itens que permanecia nas prateleiras, que ela contava. O dinheiro que estava na caixa tinha que corresponder à quantidade vendida. Esse dinheiro tinha destino certo: pagar diariamente os meninos da produção e amortizar as dívidas com o Depósito Irmãos Sette. Pelo ritmo, Luísa estimava que a casa estaria pronta em cinco semanas.

50
FESTA DA CUMEEIRA

Era momento de grande agitação na vida de Luísa, que conduzia várias atividades simultaneamente, multiplicando seu tempo. Ela participava da Limpeza Pura, da construção da casa, da assistência a Piedade e Eva, da Olimpíada, além das aulas. Tudo isso era possível em virtude da rede de cooperação que havia construído.

Nervosa, Luísa não percebera as últimas quatro semanas passarem. Na sexta-feira, findava o período de licença concedido pelo alvará para fazer vendas na praça. No sábado, começaria a Olimpíada. De fato, os temores da garota tinham fundamento. Embora as vendas superassem em muito as previsões, um só mês de funcionamento não seria suficiente. Portanto, o prêmio da Olimpíada era mesmo necessário para fechar o orçamento.

As novas contas eram:

RESULTADOS REAIS DA LIMPEZA PURA

Itens		R$
Despesa prevista para construir a casa		11.587,86
Economias: (tijolos, R$ 1.276,80; mutirão: R$ 2.296,40)	(-)	3.573,20
Despesa real	(=)	8.014,66
Lucro real	(-)	6.727,52
Quanto dinheiro falta	(=)	1.287,14
Se ganharmos a Olimpíada (venda de 10 tênis)	(+)	1.500,00
Dinheiro sobrando	(=)	212,86

Em outras palavras, o término da casa dependia da vitória dos Azuis na Olimpíada. A boa notícia era a festa da cumeeira, marcada para o domingo, que iria comemorar a finalização do telhado da casa. Luísa pedira para Fernanda levar frango com farofa, cerveja e cachaça. Seria às seis da tarde, para não atrapalhar o trabalho do mutirão. Ela queria fazer uma surpresa para Piedade e Eva, que não sabiam da casa, e resolveu ir até a Fortaleza da Curva para convidá-las.

51
PRINCESA DE VERDADE

No caminho, parou diante da Ponte Mágica. Como de hábito, percorreu com os olhos toda a extensão da ponte, respirou profundamente e partiu em disparada, com os olhos fechados.

Ela cai nos arredores de uma fortaleza maravilhosa, situada na curva do rio, cercada por um fosso repleto de jibóias. Quando a ponte levadiça desce à sua frente, ela corre para dentro do castelo. Ao subir à torre, vê a princesa deitada em um leito, trajando deslumbrante vestido de chita verde, estampado com flores cor-de-rosa, e calçando sandálias Melissa de cristal. Surpreende-se ao perceber que, ao lado da princesa, está uma menina parecida com ela, Luísa. Chegando mais perto, vê que a menina era ela mesma, que cuidava da princesa, com febre alta. Tentou acordar a princesinha, mas não conseguiu. Então, entrou no sonho da princesa e lá se encontrou consigo mesma. Ela fazia parte do sonho daquela princesa.

Ao chegar ao outro lado da ponte, antes que pudesse jogar os braços para cima e gritar "Eba!", como sempre fazia, ela ouviu:

– Luísa, há muito estou à sua procura. Você não sai um minuto da minha mente.

Bem à sua frente, Luísa percebeu a amiga Maria com os braços abertos para recebê-la. Ainda em dúvida se tinha atravessado a ponte ou se era personagem do sonho de Maria, Luísa abraçou o corpo magro e frágil e ambas pendularam entre o riso e o choro, entre a fantasia e a realidade, entre a perda e o encontro. Entre a morte e a vida.

Maria estava ali, à sua frente, mais magra, com o mesmo vestido de chita verde de dois anos atrás, agora batendo no meio da perna. Como Luísa, ela ainda não tinha seios; os cabelos grandes e emaranhados lhe davam um ar selvagem, que contrastava com o seu semblante meigo, iluminado por alegria ingênua. Por um bom tempo, as amigas não desfizeram o abraço, com receio de ser quimera. Então, Luísa olhou para trás, viu a Ponte Mágica na sua forma de sempre, a amurada partida, os buracos no asfalto, desfez o abraço, jogou os dois braços para cima e gritou:

– Eba!

Era realidade. De mãos dadas, as meninas se dirigiram para a Fortaleza da Curva. Maria havia sido levada pela Defesa Civil e internada em um hospital de Viçosa, onde permanecera vários dias em coma, com leptospirose e infecção generalizada. Enfim recuperada, acabara de receber alta e fora trazida para Ponte Nova. Estava perdida, porque não conseguia encontrar a sua casa, nem Eva nem sua mãe.

– Luísa, eu sonhava te encontrar, acho que não tenho mais ninguém no mundo... Eu estava indo para a Fortaleza da Curva na esperança de te ver.

– Eu sei, eu entrei no seu sonho.

Luísa contou as coincidências que haviam criado o equívoco sobre a morte de Maria. E sobre o sofrimento que a afligira.

Na Fortaleza da Curva, Piedade não acreditou em seus próprios olhos. Eva correu para o colo da irmã.

52
COMEÇA A OLIMPÍADA

Na manhã de sábado, a banda de música abriu a 70ª Olimpíada do Colégio Imaculada Conceição de Ponte Nova, Minas Gerais. Era assim que estava escrito na faixa sobre o palanque, onde suavam os representantes do governo, da igreja, do mundo empresarial e da sociedade civil. Enfim, todos os poderosos de uma época cuja pompa ainda era capaz de esconder a decadência que espreitava a cidade. De acordo com o programa, discursariam a diretora do colégio, o deputado e o prefeito. Alunos estavam proibidos de falar em qualquer cerimônia, desde o "projeto de lei" proposto por Luísa.

Na quadra esportiva, defronte ao palanque, as quatro equipes faziam fila com os capitães à frente. Delcídio e Lucas, com a mão direita segurando o coração, moviam discretamente os lábios simulando cantar o Hino Nacional, mas de fato juravam de morte a equipe um do outro. Luísa, a penúltima dos Azuis, olhava para Duda, a segunda dos Amarelos, que praticamente tornava imbatível a sua equipe no revezamento misto 2 x 100. Tão forte era o olhar de Luísa que pareceu atravessar a nuca de Duda. Ela virou o rosto na direção de Luísa, mas logo desviou os olhos para o chão, em aparente arrependimento.

Alunos e pais amontoavam-se do lado de fora do alambrado da quadra, querendo espetáculo.

Terminada a cerimônia e desfeito o palanque, as equipes se reuniram em volta do diretor da prova para ouvir o sorteio das tarefas da gincana. Era uma corrida contra o tempo. Logo após a leitura das tarefas, a competição começava. A equipe que conseguisse realizar corretamente todas as tarefas antes das demais ganharia maior número de pontos. Enquanto o diretor da prova rompia o lacre do envelope que continha as provas, Luísa pensou na casa de Maria e no que representava aquela competição. Não poupou os próprios nervos. Pelo contrário, sabia que pensava e agia melhor sob pressão. Nos demais competidores, a excitação mostrava seus diferentes sintomas: gritos, suor, apatia, tremores.

O diretor da prova leu as tarefas e as instruções:

1. Fazer, na cozinha do colégio, um quilo de goiabada-cascão para degustação e julgamento dos jurados.
   Critério de julgamento: a mais saborosa.
2. Trazer a maior quantidade de pássaros que vivem aprisionados em gaiolas para soltá-los na presença dos jurados.
   Critério de julgamento: quantidade de pássaros.
3. Buscar uma carta que está nas mãos da primeira funcionária do Colégio Imaculada, que mora em uma das seguintes localidades: Santa Cruz do Escalvado, Sem Peixes, Piedade.
   Critério de julgamento: quem primeiro pegar a carta.
4. Transmitir, via apito, usando código Morse, uma mensagem de um lado ao outro no rio Piranga.
   Critério de julgamento: tempo e fidelidade da transmissão.
5. Ensaiar e encenar um ato da peça teatral "A travessia", escrita pela professora Helena especialmente para a Olimpíada. Ela apresenta a história de um adolescente inseguro, que não acreditava poder transformar o mundo e por isso não tentava. Até que um dia acabou por descobrir: para ser protagonista dos seus sonhos, bastava ele atravessar a ponte para um outro mundo que estava dentro dele mesmo.
   Critério de julgamento: melhor desempenho teatral.

Cada equipe recebeu um envelope com todos os detalhes para a realização das tarefas: a mensagem a ser transmitida em código Morse, o texto da peça, horários e outras instruções. As tarefas terminariam às quatro da tarde. As peças seriam encenadas entre cinco e seis horas da tarde: 15 minutos para cada equipe.

Luísa esperava tarefas diferentes, mais condizentes com a calamidade que entrara em Ponte Nova pelo céu, como trazer alimentos não perecíveis, roupas, remédios, etc. Por sua influência, a Equipe Azul havia se preparado para esse tipo de missão. Todavia, reconhecia que essa Olimpíada havia escapado ao lugar-comum de pedir a moeda mais antiga, a pessoa mais idosa, o fusca 1956 verde, um retrato autografado do mais ilustre filho da terra – o ex-jogador Reinaldo, do Atlético Mineiro e, segundo a cidade, o maior de todos os tempos depois de Pelé e Garrincha.

Aliás, todas as equipes foram surpreendidas. Fazer goiabada, encenar uma peça, usar código Morse eram novidades cheias de armadilhas. Como as tarefas exigiam preparações simultâneas, era necessário dividi-las entre os membros da equipe.

Na Azul, a divisão ficou assim: Luísa faria a goiabada com a receita da vovó Mália, que, de tão deliciosa, inspirava nela o desejo de um dia criar uma fábrica de goiabada-cascão. Esta já tinha até nome em homenagem à avó: Goiabadas Maria Amália. Clarinha e Delcídio fariam a prova de código Morse com apito – seriam treinados pela tia de Luísa, Rita, que trabalhara nos Correios no tempo do telégrafo sem fio. A peça exigia a participação de todos, pois tinha exatamente 10 personagens. A mãe de Carolina, com experiência em novela de rádio, fora improvisada como diretora de teatro. Mas quem seria a pessoa que estava com a carta e como conseguir a maior quantidade de pássaros?

Anunciar pelo rádio, pedindo às pessoas que telefonassem,

poderia funcionar, mas as demais equipes fariam o mesmo. Carolina sugeriu usarem o conceito de rede, que tinham aprendido na aula. Agiriam da seguinte forma: para encontrar a carta, cada membro da equipe perguntaria a uma pessoa das suas relações, que fosse mais velha e tivesse estudado ou trabalhado no Colégio Imaculada, se conhecia a funcionária mais antiga. E pediriam a essas pessoas que fizessem o mesmo: perguntassem às pessoas de suas relações que estudaram e trabalharam no colégio se conheciam a funcionária mais antiga. E assim por diante.

Mesma coisa para o problema dos pássaros: cada membro da equipe iria procurar criadores de pássaros e convencê-los a entregar os pássaros para serem soltos. E pediriam que eles convidassem os criadores das suas relações a fazer o mesmo. E assim por diante. Cada pessoa que se dispusesse a doar pássaros deveria levar as aves diretamente à Equipe Azul. Maria foi envolvida nessa tarefa: a sua missão era fazer com que a molecada que criava passarinhos participasse.

A nova fórmula da Olimpíada estava sendo um sucesso. No sábado, o ginásio foi pequeno para a platéia. Havia serpentinas, confetes, apitos, cornetas. A "furiosa" atacava cantigas de amor e de vez em quando tocava músicas de carnaval para animar as torcidas. A revoada de pássaros foi algo inédito na cidade. Os meninos pobres, articulados por Maria, levaram a maioria das aves. O espetáculo não se restringiu à coreografia do vôo das centenas de pássaros; o bonito era a simbologia de liberdade e respeito à vida. Na segunda-feira após o encerramento da Olimpíada, o coletor Hildebrando improvisaria uma ode à consciência ecológica de Ponte Nova.

A maior polêmica foi causada pela prova da goiabada, em que estava em jogo a reputação de famílias tradicionais, verdadeiras dinastias de fabricantes desse doce. A transmissão via código Morse fora feita mediante imenso silêncio nas duas extremidades da Ponte. Algumas pessoas não acreditaram ao ver as mensagens sendo escritas a partir de apitos. A platéia não queria parar de aplaudir quando a Equipe Azul pediu que dona Marizete, em pessoa, a primeira funcionária do colégio, uma senhora já nos seus 90, lesse a carta que estava em suas mãos. Ela registrava um agradecimento pelos bons serviços e oferecia uma televisão como prêmio por sua dedicação.

A grande sensação foram as representações teatrais, todas de bom nível. Delcídio emocionara a platéia e os jurados ao interpretar o menino do caminhão do lixo. A Equipe Azul ganhara seis das 10 provas e acumulara boa vantagem sobre as demais. A Amarela, de Lucas, ficara em terceiro lugar, o que dava mais sabor à vitória.

53
BENTE ALTAS E FINCA

O domingo prometia grandes emoções. Seriam disputados os Jogos de Rua e os Esportes Olímpicos. Para os Azuis, o sábado correra melhor do que o previsto. No entanto, Delcídio sabia que precisavam garantir pontos nos Jogos de Rua, porque nos Esportes Olímpicos não teriam chance. Às oito horas da manhã de domingo, o diretor da prova leu ao microfone os Jogos de Rua sorteados:

1. Jogo de botão
2. Bente altas
3. Papagaio
4. Escravos de Jó
5. Palitinho
6. Finca
7. Corrida de carrinho de rolimã.

A escolha dos Jogos de Rua não surpreendeu as equipes. Estreantes na Olimpíada, o palitinho e a finca eram, no entanto, populares. As equipes compareceram com papagaios de todas as cores e tamanhos, manivelas gigantes, carrinhos de rolimã, times de botão. Especialistas nas diversas modalidades haviam se exercitado nas semanas anteriores. Exigiam locais especiais para a corrida de carrinhos de rolimã, uma ladeira que dava acesso ao colégio, e o jogo de finca, um lote vago capinado e molhado.

Todos os demais foram disputados na praça de Palmeiras, isolada do tráfego naquele domingo. A Equipe Azul iniciou os Jogos de Rua disposta a manter a liderança alcançada no dia anterior. Entretanto, a garra e o ânimo foram se arrefecendo com as derrotas sucessivas. Nas provas em que eram favoritos, como bente altas, finca e palitinho, disputadas por último, já não restava tranqüilidade para impedir erros primários. Os melhores resultados foram um segundo lugar nas provas do carrinho de rolimã e de soltar papagaio. A Equipe Amarela conseguiu vencer seis dos 10 jogos, a Lilás e a Verde tinham duas vitórias cada uma.

Com esses resultados, a Equipe Amarela assumiu a liderança da Olimpíada com boa margem sobre a Azul, que caíra para segundo. Luísa estava desolada. Delcídio mal conseguia controlar as lágrimas. Nenhum deles via chance para a Equipe Azul na última etapa.

BRINCADEIRAS DA GINCANA

JOGO DE BOTÃO: Futebol de mesa. Os jogadores são botões grandes (geralmente de roupas de mulher). O goleiro é uma caixa de fósforos. A bola é de cera.

BENTE ALTAS: Por sorteio, uma das duplas tem a posse da pá (uma lata amassada), sobre a qual um dos jogadores mantém sempre um pé, com o objetivo de proteger a casinha (um tripé de gravetos) das bolas (de meia) arremessadas pela outra dupla. Faz ponto a dupla que está na pá quando consegue chutar a bola a uma distância que lhe permite trocar de lado. A dupla perde a pá quando a casinha é derrubada ou a bola é pega no ar pela outra dupla. Também conhecido como taco.

ESCRAVOS DE JÓ: Na sua forma mais tradicional, é uma brincadeira cantada; segundo a tradição, brincada por monges e incorporada à cultura infantil. Os objetos, passados de mão em mão em uma roda de pessoas em volta de uma mesa ou sentadas no chão, giram sempre para a direita de quem está na roda. Enquanto passam o objeto, os participantes cantam uma canção: Escravos de Jó/ Jogavam caxangá/ tira, põe, deixa o zambelê ficar./ Guerreiros, com guerreiros/ fazem zigue, zigue, zá./ Guerreiros com guerreiros/ fazem zigue, zigue, zá.

PAPAGAIO: Armação de varetas de bambu coberta de papel fino que é empinada por meio de uma linha. Também conhecido como arraia, cafifa, pandorga, pipa, etc.

PALITINHO: Jogo em que os parceiros encerram na mão certo número (entre 0 e 3) de moedas ou palitos de fósforo, para depois, um a um, tentarem adivinhar o total; basquete-de-bolso, jogo de palitinhos.

FINCA: Jogo disputado por dois participantes que vão fincando no chão, com arremessos curtos, um ferrinho (haste metálica com

ponta afiada) para riscar na terra o trajeto por percorrer, sendo obrigatório sair da própria casa (um triângulo marcado num lado do campo), dirigir-se à casa do adversário (situada no lado oposto), contorná-la e retornar ao ponto de partida.
CARRINHO DE ROLIMÃ: Pequeno carro de madeira que consiste numa tábua montada sobre rolimãs, geralmente feito pelas próprias crianças e no qual são disputadas corridas.

O vôlei feminino era dominado pelo pessoal da Equipe Lilás, a Equipe Verde era favorita no futebol de salão, contando com quatro integrantes da seleção do colégio. Na natação, a Amarela havia ficado imbatível, com a dupla Duda e Lucas. E o pior era que Luísa, colocada na prova para substituir Duda, era praticamente uma figurante.

O capitão Delcídio, ainda emocionado, pediu garra aos seus comandados. Iriam cair, mas cairiam lutando, peito erguido. Carolina tentou animar o grupo com uma hipótese advinda da análise do regulamento: os Azuis seriam campeões se conseguissem o segundo lugar nas três provas desde que a Equipe Amarela não alcançasse nenhum primeiro lugar. A hipótese apresentava boa probabilidade no jogo de futebol de salão. Delcídio era o quinto titular da seleção do colégio e um segundo lugar não seria impossível. Contudo, ela se distanciava da realidade ao exigir que os Amarelos, a equipe de Lucas e Duda, os melhores do colégio, ficassem em terceiro na natação.

Na primeira modalidade, vôlei feminino, os Azuis, com uma energia jamais vista, conseguiram o segundo lugar, derrotando justamente a Equipe Amarela. A hipótese de Carolina ganhou força. No jogo seguinte, futebol de salão, os Azuis tinham tudo para terminar em segundo lugar. No entanto, por essas coisas do futebol, perderam no primeiro jogo para a Equipe Lilás, a mais fraca. E não bastasse isso, a Equipe Amarela ficou em segundo lugar, o que praticamente lhe dava o título. Pela aritmética da competição, feita para tornar a prova de natação decisiva, também os Verdes e os Azuis poderiam ser campeões da Olimpíada, se a vencessem. Somente os Lilases não tinham chance.

54
SURPRESA DE ÚLTIMA HORA

O clima era de festa, mas não havia suspense. Para todos, era questão de esperar o final da natação para entregar a medalha de ouro aos Amarelos. Os nadadores eram apresentados pelo alto-falante. Ao ouvir seus nomes, davam um passo à frente. Na vez da Equipe Azul, o alto-falante anunciou os nomes de Delcídio e Duda. Luísa sentiu alguém lhe batendo no ombro. Era Duda.

– Desculpe, Luísa, esse lugar é meu.

Luísa surpreendeu-se diante da inesperada aparição. Não entendeu. Era Duda, mas...

– Como? Você é da Equipe Amarela!

– Eu me transferi para a Azul – revelou Duda com um sorriso maroto nos lábios. – Como eu não participei de nenhuma prova, o regulamento me dá esse direito.

A esperança voltou ao rosto de Luísa sob a forma de espanto. Em seguida ao anúncio de Duda na Equipe Azul, tremendo alvoroço tomou a platéia e os competidores. Gritos, clamores, aplausos, protestos. Lucas, louco da vida, saiu do seu posto e, junto com os companheiros de equipe, cercou os organizadores. A balbúrdia só terminou com a voz do diretor da prova no alto-falante:

– O regulamento permite que um competidor mude de equipe, desde que não tenha participado de nenhuma prova como membro da equipe original. Portanto, a nadadora Duda pode competir pela Equipe Azul.

Luísa quase sufocou Duda com um abraço.

– Este lugar sempre foi seu – disse a ela, toda emocionada.

Na Equipe Amarela, Luciana entrou no lugar de Duda. Um frenesi substituiu a apatia da torcida. O diretor da prova pedia silêncio, tentando estancar o vozerio. Um tiro de revólver apontado para o fundo da piscina, com pólvora seca, deu início à disputa final, 2 x 100 com revezamento, misto. Os quatro meninos pularam na água. As meninas ocuparam as balizas, à espera. Lucas ganhou de pronto a frente de todos. Na virada dos 50 metros, ele já estava dois corpos à frente de Delcídio, em segundo. Em meio à gritaria confusa, destacam-se os incentivos:

– Vai, Lucas! Já ganhou!

Duda esperou pacientemente Delcídio completar os 100 metros. Quando ela pulou na água, Luciana, da Equipe Amarela, já nadava havia alguns segundos. A torcida suspirou. Todos queriam ver se Duda conseguiria fazer o impossível: tirar a vantagem de quase cinco corpos a favor da Equipe Amarela. Fez-se silêncio total, um milagre. Os ais e suspiros incontidos não impediam de ouvir-se o barulho dos braços e pernas das nadadoras acariciando a água. Vovó Mália, na tribuna de honra, pioneira e campeã, apreciava o estilo clássico de Duda. Luísa e seu grupo davam-se as mãos, mas não continham as pernas, que tremiam. Delcídio soltou-se do grupo e deu as costas à piscina.

Na virada dos 50 metros, Duda havia recuperado quase três

corpos, num ritmo que prenunciava a sua vitória. Vovó Mália, que conhecia a natação moderna, sabia que os últimos 50 metros da prova de 100 não significam a metade da prova, mas só da distância. Nessa etapa, o que vale é concentração, equilíbrio para coordenar os movimentos, autocontrole e muito preparo físico. Também autoconfiança e técnica. Enquanto para as nadadoras normais era mais do que a metade da prova, para Duda era o início da arrancada; ao passo que perdiam velocidade, Duda era capaz de manter o ritmo forte, cadenciado, irreprimível. Tinha-se a impressão de que a sua velocidade aumentara. Na metade da piscina, conseguiu alcançar os pés de Luciana. Estava na prova. Vovó Mália ficou de pé, sendo seguida pelos jurados e pelo público. Juízes em cada raia, cronômetros nas mãos, ajoelharam-se para registrar o toque final.

Nesse instante, Luísa vislumbrou Maria entre a multidão, anônima, sorriso aberto, alegria ingênua, coração em festa. Tão viva, mas dada como morta. Ninguém, nem mesmo os integrantes da Equipe Azul, sabia que estava viva. Foi então que Luísa entendeu uma transformação profunda em curso: tanto ela quanto a Olimpíada tinham adquirido outro significado. Por um lado, a Olimpíada não era mais uma competição, mas um instrumento para socorrer flagelados. Por outro, ela mesma, Luísa, deixara de ser uma simples competidora, passando a se ver como alguém que convertia em ação a sua capacidade de amar. Aquela Olimpíada fora transformada em sonho e afeto. Ela não era um jogo. Era Maria.

Duda realizava a prova da sua vida. Não se perdoara pela tolice de ter abandonado Luísa, ameaçando a amizade pela fraqueza de ceder à corte de Lucas, por quem se apaixonara. Felizmente, havia percebido a tempo que o namorico tinha sido artifício dele para reforçar a Equipe Amarela. Para ela, aquela prova significava a reparação de um erro, a recuperação de uma amizade. E mais ainda, entendera ali, dentro d'água, que aquela competição significava um sonho. Por isso, sobravam-lhe energias, velocidade, gana. Nadava como nunca, puro coração, quebrando recordes de tempo e de afeto. Ao bater a mão na borda de chegada, não conseguiu saber se chegara em primeiro lugar. Seus olhos estavam vermelhos não só pelo cloro, mas pela emoção, porque se sentia vencedora, fosse qual fosse o resultado. As diferentes torcidas misturavam o seu nome e o de Luciana aos gritos, cada qual festejando a vitória.

Os Azuis lançaram Duda para o ar como uma bola e a receberam novamente nos braços.

Fernanda, na arquibancada, vibrava.

– Ela conseguiu! Ela conseguiu a casa!

Vovó Mália, no entanto, mantinha um silêncio cheio de dúvidas. Temia ter visto a mão de Luciana alcançar primeiro a borda.

– É melhor esperar o resultado oficial - preveniu.

Longos segundos se passaram até os juízes terminarem de comparar as planilhas de cronometragem e o diretor da prova começasse a anunciar ao microfone:

– Senhoras e senhores, os vencedores desta prova são... – criou um suspense, girando o olhar pelo silêncio em redor e prolongando o "ão" – Lucas e Luciana. Pela soma dos resultados de todas as provas, a grande vencedora desta 70ª Olimpíada do Colégio Imaculada é a Equipe Amarela.

55
QUANDO TODOS GANHAM

A festa de encerramento da Olimpíada terminava como começara: banda de música, discursos. Lucas, exultante, subiu no palanque com todos os Amarelos.

Desolados, os Azuis emudeceram.

Vovó Mália tinha algo que não era puro consolo para dizer a Duda:

– Você deu uma aula de natação. Jamais vi nada tão perfeito e emocionante – cumprimentou.

Luísa abandonou-se aos braços da madrinha querendo chorar, mas sentiu um toque de mão nas suas costas. Era Lucas, que ostentava a medalha de ouro no pescoço.

Os membros da Equipe Azul cercaram Luísa e puderam ouvir a declaração de Lucas:

– Vim lhe dizer que nós, Amarelos, decidimos dar os prêmios para os Azuis. Descobrimos por que vocês estavam querendo ganhar.

Os demais Amarelos chegaram perto dos dois com um sorriso nos lábios. Ao entender o que se passava, depois de alguns segundos, Delcídio estendeu a mão para Lucas e agradeceu em nome de todos.

Luísa permaneceu muda, vendo Lucas retirar-se junto com os Amarelos, todos eufóricos. Após dar alguns passos, Lucas virou-se e seu olhar encontrou-se com o de Luísa.

"Meu Deus", pensou a menina. "Fiz do Lucas o vilão da minha história, e ele era um aliado... Seu desprendimento fez a competição não ter perdedores!"

E, antes que Lucas se afastasse, Luísa colocou-se na ponta dos pés e beijou o rosto dele. Disse-lhe:

– Estou te esperando na festa da cumeeira.

Lucas viu Luísa oferecer-lhe um sorriso doce e sair em disparada. Aquele beijo mudaria a vida de Lucas. Com o tempo, a atração que sentia por Luísa iria transformar-se em paixão e depois em mania e obsessão. Mas essa é outra história...

Luísa procurou Maria entre a multidão e a trouxe para junto da Equipe Azul.

– Pessoal, esta é a Maria.

Um bom tempo se passou até Luísa contar a história para os Azuis que ainda não sabiam de Maria, e até os membros da sua própria turma conseguirem assimilar a surpresa e entender o que se passava.

– Maria estava viva, gente! Maria está viva! – gritou Luísa, saltando de contentamento.

Depois, alegria transbordando, todos quiseram abraçar, beijar, tocar Maria. Delcídio estava pasmo:

– Meu Deus! – foi só o que conseguiu dizer.

O sol se despedia, pavoneando-se para celebrar a ausência de perdedores na Olimpíada, quando Luísa e todos os Azuis tomaram a direção do Alvarenga. Iam para a festa da cumeeira.

Até aquele momento, Maria e Piedade não sabiam da construção do barraco. Fernanda, além dos comes e bebes, fora incumbida de levar Piedade, Eva, vovó Mália, Mestra, dona Maria Helena e seu Geraldo. Nenhuma dessas pessoas sabia que Maria estava viva. Por isso, Fernanda estranhou quando viu uma garota desconhecida no meio da turminha que chegava.

– Luísa, quem é essa menina? – perguntou, olhando para Maria.

– É a Maria, madrinha!

– Meu Deus! – Fernanda disse, paralisada como se estivesse diante de um milagre.

Dona Maria Helena perdeu a voz. Chorava e sorria, sem produzir sons, fazendo o sinal-da-cruz. Seu Geraldo tirou do bolso o lenço sempre a postos para o chororô da esposa. Ao percorrer os dois metros que a separavam de Piedade, dona Maria Helena deixou para trás uma vida de preconceitos. Tomou Eva nos braços e foi com relutância que a dividiu com Mestra e vovó Mália. Maria e Piedade não entendiam o que se passava. Intimidavam-se diante de pessoas tão diferentes delas. Também os pedreiros, humildes, não se misturavam aos adultos. Até que Luísa resolveu explicar tudo:

– Pessoal – disse ela, dirigindo-se aos trabalhadores –, estas são Maria, sua mãe e sua irmãzinha. Como vêem, a minha amiga não morreu na enchente.

Virou-se para Maria:

– Esta casa é para vocês, resultado do sonho e do amor que você produziu em todos nós.

Nesse momento, apareceram todos os Amarelos, Lucas à frente, tímido, ocupando o silêncio que se produzira. Luísa correu para recebê-los, sendo imitada pelos integrantes da Equipe Azul. Instintivamente, todos se deram as mãos, formando um círculo que envolveu Piedade e Eva.

56
A PONTE MÁGICA

Depois da festa, os jovens tomaram o caminho de volta para a cidade. Ao chegarem à Ponte Mágica, Luísa destacou-se do grupo e adiantou-se até onde a amurada estava quebrada. Como de hábito, olhou em todas as direções e absorveu a energia que vinha da ponte.

Os demais, sem entender direito o que acontecia, interrogaram-se com os olhos.

Luísa chegou junto da borda até ver o leito do Piranga na ponta do seu tênis, vários metros abaixo.

Com o olhar feliz, persuasiva, disse aos amigos:

– Venham para a beira.

Eles se entreolharam, hesitantes.

– Mas para quê? – Delcídio perguntou.

Maria, a única que sabia da Ponte Mágica, atendeu de pronto ao chamado de Luísa.

– Nós estamos com medo – Duda falou.

– Venham para a beira – insistiu Luísa, com tal meiguice que tornava o convite irrecusável.

Eles foram, vacilantes. Quando chegaram bem na ponta, Luísa empurrou os amigos do alto da ponte.

Então, eles experimentaram a sensação de voar...

E voaram até as estrelas e de lá viram Ponte Nova, iluminada pelos sonhos de seus habitantes – aqueles que não tinham medo de descobrir dentro de si o poder de realizar o sonho, reinventando o mundo e a si próprios.

Então, ofegantes, chegando ao outro lado da Ponte Mágica, levaram as mãos ao alto e gritaram:

– Eba!

anexo

CADERNO DE ANOTAÇÕES DE LUÍSA

MINHAS ANOTAÇÕES SOBRE

COOPERAÇÃO

"NO ALMOÇO, NINGUÉM MENCIONARA OS DESABRIGADOS."

A professora perguntou:

– Como o espírito empreendedor pode ajudar numa situação de enchente?

Vários alunos responderam:

– Nós mesmos temos que ajudar as pessoas. Não precisamos esperar os políticos. Cada um faz o que pode.

– Mas, dessa forma, todos os problemas caem nas costas da população, que já paga impostos justamente para resolver isso. O governo fica sem responsabilidade – disse um aluno.

A resposta veio de outro aluno:

– É o mesmo caso da cidade que fez uma escola. Ela não desistiu de cobrar e de pedir ao governo, mas, enquanto isso, agiu.

O empreendedor busca o caminho que produz os resultados esperados. Se o caminho burocrático não resolve o problema dos desabrigados, outro caminho tem que ser encontrado. Neste caso, nós, que estamos perto, temos que dar as primeiras soluções. A cidade tem que aprender a resolver seus próprios problemas; não pode ficar só na dependência de terceiros. Não adianta esperar que soluções venham de fora. Devemos cobrar resultados do prefeito, do governador e de todos que têm a obrigação de fazer algo. Mas temos também que desenvolver a capacidade de nos associar para resolver nossos problemas, buscando recursos onde quer que eles estejam. A isso se chama cooperação. Todos devem cooperar: as pessoas, os governos, as empresas e a sociedade. Toda vez que há distância entre o governo e as empresas e a sociedade, estamos desperdiçando nossas energias. As pessoas devem cooperar mais e competir menos. A lei do mais forte produz excluídos, perdedores. Na sociedade humana, ninguém pode perder, todos devem ganhar.

MINHAS ANOTAÇÕES SOBRE:

CAPITAL HUMANO E CAPITAL SOCIAL

"... FOR ENCONTRADA UMA SÓ CRIANÇA ABANDONADA..."

No Brasil, entre os miseráveis, as crianças são as mais miseráveis.

Para uma comunidade se desenvolver e para o empreendedor ter condições de atuar, é preciso que haja capital humano e capital social. Capital humano significa educação, saúde, habitação, lazer e capacidade empreendedora para todos, e não somente para as elites, os mais ricos. Capital social é a capacidade das pessoas de se associar para resolver os seus problemas e construir o seu futuro.

Para que haja capital social, é necessário que exista democracia, regime em que as regras de convivência protegem o direito de todos, garantindo a liberdade de agir, de falar, de participar das decisões sobre o seu futuro. Por exemplo, não há democracia quando alguém não consegue ir para a escola porque não tem dinheiro; quando há fome; quando as pessoas são menosprezadas em virtude da cor, do dinheiro, da educação. Quando há pessoas com poderes maiores do que outras, as demais se sentem obrigadas a obedecer, com medo de serem punidas. Todos perdem, porque não há estímulo à cooperação; a criatividade é inibida, limitando o aparecimento de novas soluções. Além disso, a riqueza produzida vai para o bolso de poucos, os que têm poder.

– Professora, isso pode acontecer na empresa, na escola, em casa?

– Pode sim. Pode acontecer em qualquer lugar. Quando falta liberdade, a criatividade é aprisionada também. Alguns países são fortes e se desenvolveram porque as pessoas conversam e criam o sonho coletivo, que é o sonho da comunidade. E cooperam para realizá-lo.

MINHAS ANOTAÇÕES SOBRE:

PERGUNTAS, E NÃO RESPOSTAS

"... TINHA QUE BUSCAR AS RESPOSTAS SOZINHA."

No empreendedorismo, a pergunta é a única lição que se pode oferecer. As respostas devem ser individuais, impregnadas da personalidade de cada um. Por isso, não têm sentido se oferecidas como "prato feito". O empreendedor é alguém que inova, cria sua própria resposta. Cada um busca aprender o que é necessário para realizar o seu sonho.

Depois de esclarecer isso, a professora Helena disse:

– Vamos esquecer esse negócio de certo e errado. Nesta aula, todas as opiniões valem. Cada um cria as suas próprias respostas, que serão diferentes, peculiares.

A "aula do sonho" é diferente. Nas outras, o professor julga que sabe dizer o que é certo e o que é errado. A professora Helena disse que, nessa matéria, ela só pode orientar, mas não pode ensinar. Ela explicou:

– Aqui, cada um vai conceber o seu sonho e buscar os conhecimentos necessários para realizá-los. Eu não sou capaz de dar respostas para vocês. Por dois motivos: primeiro, porque não posso saber sobre o sonho de cada um; segundo, porque o objetivo é justamente que vocês aprendam a construir suas próprias respostas, a gerar conhecimento. É assim que o empreendedor faz.

MINHAS ANOTAÇÕES SOBRE:

DE ONDE VÊM OS NOSSOS SONHOS?

"... ESTE É O MEU SONHO."

– De onde vêm os sonhos de cada um de vocês? Eles são inspirados e influenciados pelo sonho coletivo, que significa a forma de ser da comunidade: como esta reage diante da pobreza, da injustiça, da falta de liberdade; como trata as pessoas e a natureza (o meio ambiente); como se prepara para o seu futuro. Assim, uma comunidade que quer o bem de todos, que preserva a liberdade dos cidadãos, que estimula o respeito aos outros, não importa a cor, o dinheiro ou a família a que pertencem, que investe em educação, cultura, conhecimentos tecnológicos, provavelmente estimulará sonhos individuais cujos resultados serão úteis para todos. Por outro lado, uma comunidade que fala "cada um por si e Deus por todos", que ensina seus filhos a levar vantagem sobre os outros, que acredita que a lei do mais forte deve prevalecer e que só o governo é responsável pela pobreza, não ficando indignada com as injustiças sociais, inspirará sonhos que visam ao individualismo e o enriquecimento pessoal a qualquer custo."

MINHAS ANOTAÇÕES SOBRE:

NADA É DE GRAÇA

"... MAS VOU COBRAR CADA CENTAVO."

A pessoa que recebe algo de graça não está desenvolvendo sua capacidade de obtê-la sozinha. A frase "não existe almoço de graça" tenta nos ensinar que, por mais simples que seja o prato de comida, o arroz e o feijão que estão sendo servidos exigiram trabalho de sol a sol de quem os plantou e colheu. Ou seja, nada cai do céu, nada é de graça, em tudo há trabalho. É justo que a madrinha queira que eu pague pelo empréstimo.

MINHAS ANOTAÇÕES SOBRE:

O EMPREENDEDOR ESTÁ EM TODO LUGAR

"... EMPREENDEDOR FOI CONTAR A HISTÓRIA DA SUA ONG..."

"O empreendedor é aquele que abre uma empresa." Antigamente, era assim que se definia; só havia empreendedor se houvesse empresa. Hoje, a coisa mudou. Empreendedor não é apenas o que cria uma empresa, mas a pessoa que é empreendedora naquilo que faz. Quer dizer, o empreendedor pode ser o que quiser: funcionário público, professor, empregado de empresas, artista. É uma forma de ser, de olhar o mundo. É acreditar que as suas ações podem produzir mudanças, ser independente, protagonista, rebelde, inconformado.

MINHAS ANOTAÇÕES SOBRE:

OPORTUNIDADE

"... OS PREÇOS DOS PRODUTOS (...) ESTAVAM ARTIFICIALMENTE ALTOS..."

A oportunidade está na cabeça e no coração das pessoas. Está em quem procura. É uma forma de olhar. Por exemplo, eu só percebi que existia uma oportunidade para fabricar materiais de limpeza baratos porque estava procurando um meio de conseguir recursos para construir a casa de Piedade e de Eva. Eu estava aberta e atenta.

MINHAS ANOTAÇÕES SOBRE:

TODOS TÊM QUE SER EMPREENDEDORES

"QUE BOM VOCÊ AGIR DE FORMA EMPREENDEDORA!"

Eu me assustei quando a professa Helena advertiu:

– Todos vocês têm que ser empreendedores. Até pouco tempo atrás, os empregos permitiam realizar um sonho e ofereciam um bom salário. Hoje, isso não existe mais. Como as pessoas conseguiam emprego? A partir de conhecimentos adquiridos na escola. Os universitários ficavam com os melhores; os de nível médio e profissional, com os intermediários; e os de baixa escolaridade, com empregos braçais. As coisas mudaram. Os empregos não existem mais em quantidade suficiente nem oferecem bons salários ou estabilidade e perspectiva de autorealização como antes. Por quê? Porque as grandes empresas e os governos, principais empregadores no passado, estão cortando gente. As grandes empresas, porque precisam reduzir custos para enfrentar a concorrência e, para isso, substituem o trabalho humano por máquinas. Os governos, no mundo todo, reduzem seus quadros porque o dinheiro é escasso. Em conseqüência, cada indivíduo tem que gerar seu próprio emprego. Para isso, além de ter conhecimentos, tem que saber identificar oportunidades, competência que exige várias capacidades, como entender o que acontece no mundo, saber "ler" o que se passa, identificar as necessidades das pessoas e instituições, o que se pode oferecer para elas.

MINHAS ANOTAÇÕES SOBRE:

APRENDER COM OS ERROS

"... COM BASE NO QUE HAVIA APRENDIDO COM OS PRÓPRIOS ERROS."

Para mim, foi uma novidade quando a professora disse:

– O empreendedor aprende com seus próprios erros.

No meu entender, erros significam nota baixa, puxão de orelha, punição. A professora disse que a gente aprende também com os erros dos outros. Como está sempre procurando criar algo novo, é natural que o empreendedor cometa erros. Thomas Edison, que era inventor e também empreendedor, fez 1.200 tentativas antes de conseguir inventar a lâmpada. Na loja de doces da esquina, muitos produtos encalham diariamente, por vários motivos. Prejuízo na certa. Mas, com isso, o dono aprende que tem que mudar algo. Por exemplo, dona Elza da mercearia vive se queixando de prejuízos com produtos que ninguém compra.

Eu perguntei para a professora:

– A gente aprende na escola que não pode errar e por isso não deve se arriscar. Isso atrapalha quem quer ser empreendedor?

– Atrapalha, sim. Quem repete o que já foi feito não erra porque já conhece a solução. Mas quem faz algo novo não tem a quem perguntar, não encontra a resposta em nenhum livro. Quando inovamos, o erro é um dos resultados possíveis, como outro qualquer. Não devemos procurar o erro, mas devemos aprender com ele. É um caminho para o acerto. As escolas habitualmente preparam alunos para repetir conhecimentos já dominados. O empreendedorismo significa produzir novos conhecimentos, criar algo que seja útil para os outros.

MINHAS ANOTAÇÕES SOBRE:

EU NÃO CONSIGO MUDAR AS COISAS

"... DEIXOU SEU CORAÇÃO NOVAMENTE DISPARAR QUANDO VIU O CAMINHÃO DO LIXO ."

Há pessoas que pensam assim: "Eu não consigo mudar as coisas; é melhor seguir os caminhos já traçados, não inventar moda, não arriscar." Essas pessoas não são empreendedoras. Quem pensa que não consegue interferir no mundo, seja por se julgar incapaz, seja por qualquer outro motivo, dificilmente terá força ou motivação para seguir caminhos diferentes, inovar. A rebeldia, para o empreendedor, não é só criticar, dizer o que está errado. Ele mostra seu inconformismo propondo algo melhor, uma solução.

O que acontece quando a maioria das famílias de uma cidade pensa como os pais do menino que quer ser motorista do caminhão do lixo? A cidade não é empreendedora. Imagine duas cidades pequenas em dois países distantes. Ambas decidem construir a primeira escola. Em uma delas, os cidadãos e cidadãs pediram ao prefeito, que seguiu a demorada burocracia:

encomendou um projeto de lei à sua assessoria e o enviou à Câmara Municipal. Se tudo corresse bem, vários anos passariam antes que a escola funcionasse. Na outra pequena cidade, no outro lado do mundo, os moradores fizeram a mesma coisa, com uma diferença. Decidiram que, enquanto a escola não ficasse pronta, os próprios habitantes iriam dar aulas gratuitamente para adultos e crianças, utilizando o salão de festas da igreja (ou o do clube, etc.). A escola começou a funcionar na semana seguinte. Com o tempo, eles construíram um prédio para a escola com o dinheiro das famílias, porque os recursos do governo nunca apareceram nas duas cidades. Cada cidade reagiu de forma diferente diante do mesmo problema.

MINHAS ANOTAÇÕES SOBRE:

ÉTICA

"... QUEM COMPRASSE OS PRODUTOS DE LIMPEZA LEVARIA TAMBÉM UM FILTRO PARA UMA FAMÍLIA POBRE."

O que tem a ver ética e a promoção dos filtros? A ética no empreendedorismo diz que o resultado de qualquer empreendimento tem que gerar utilidade para os outros, e não ter como único objetivo o enriquecimento pessoal. Ao induzir as pessoas a comprar e doar um filtro, famílias pobres estavam sendo beneficiadas.

A ética trata de regras que nos dizem se algo é um bem ou um mal. Essas regras são construídas pelas pessoas em conjunto, através de um acordo, um pacto. Elas podem mudar com o tempo. A ética é um guia que dirige nossos passos. Significa respeito às pessoas. Ela nos diz o que pode ferir os direitos e a liberdade dos outros. Por exemplo, nos diz se um empreendimento é útil para os outros ou não.

Uma empresa que produz cigarros ou armas faz o bem ou faz o mal? A gente deve aceitar ou não um empreendedor que sonega impostos e consegue ficar rico? Ética não diz respeito só a coisas fora da lei, como roubar, sonegar. A empresa pode estar dentro da lei e ser antiética quando, por exemplo, derruba árvores ou destrói o meio ambiente.

Nós combinamos com a professora que vamos sempre discutir se alguma coisa é ética ou antiética. Em conjunto, vamos chegar a uma conclusão, vamos dizer o que pensamos e poderemos fazer pactos entre nós sobre assuntos que nos dizem respeito.

MINHAS ANOTAÇÕES SOBRE:

A IMPORTÂNCIA DA MICROEMPRESA

"O QUE VAI FAZER COM O LUCRO DA LIMPEZA PURA?"

Pode não parecer, mas as micro e pequenas empresas são muito importantes para qualquer país. Elas distribuem renda e geram empregos. Se o governo e as grandes empresas demitem, o que fazer para aumentar o número de empregos? É necessário incentivar os empreendedores, porque são eles que criam as micro e pequenas empresas. A professora Helena deu números impressionantes sobre o Brasil: aqui, as micro, pequenas e médias empresas geram 96,7% dos novos empregos; elas representam 99,7% das empresas existentes no país, empregam 60% das pessoas e geram 43% da massa salarial.

Depois disso, eu entendi por que as escolas estão incluindo o ensino de empreendedorismo nos seus programas.

MINHAS ANOTAÇÕES SOBRE:

DEMOCRACIA

"... NÃO DISCRIMINAR PESSOAS (...)
RENDA, CULTURA, ORIGEM..."

Falta muita coisa para termos uma verdadeira democracia no Brasil. Por quê? Temos liberdade de dizer o que pensamos, mas nem todos têm acesso a educação, saúde, habitação, alimentação. Uma pessoa que freqüentou a universidade tem melhores condições que um analfabeto. Alguns têm muito poder e outros, não. Não basta ter a liberdade de votar, é preciso que as pessoas tenham discernimento para fazer a melhor escolha, senão elas podem ser manipuladas. Na democracia, as soluções vêm da capacidade das pessoas de conversar, de cooperar, e isso ainda é raro entre nós.

MINHAS ANOTAÇÕES SOBRE:

DESENVOLVIMENTO

"... COMPROMETIMENTO COM O
DESENVOLVIMENTO HUMANO E SOCIAL."

Um povo desenvolvido é aquele que produz e faz com que o dinheiro chegue às mãos de todos sob a forma de educação, alimentação, saúde, moradia, lazer, liberdades. Um país pode ter crescimento econômico e aumentar a produção mas sem gerar desenvolvimento. Nesse caso, a pobreza continua. Quando a gente lê no jornal: "O PIB (Produto Interno Bruto) do Brasil cresceu", ou seja, as empresas produziram e venderam soja, milho, algodão, cana-de-açúcar (como aqui em Ponte Nova), automóveis, aço e recolheram impostos, não quer dizer que esse dinheiro vá beneficiar todos os habitantes igualmente. Pelo contrário, durante toda a nossa história, ele tem ficado nas mãos de poucos.

Temos poucos ricos e muitos pobres. O Brasil foi campeão mundial de crescimento econômico durante cerca de 100 anos, até o início dos anos 1970. Apesar de o dinheiro ter aumentado, não foi dividido com os pobres. Por que não? Porque os pobres não têm acesso a ele? Por decisão política. Por isso mesmo é que é preciso investir na educação.

Achei incrível a professora dizer que muitas vezes não basta apenas distribuir dinheiro. A professora Helena contou a história de um homem muito rico que, para acabar com a pobreza de uma cidadezinha, deu 20 mil reais para cada um dos 5 mil habitantes. Com isso, o PIB da cidade cresceu, em um dia, 100 milhões de reais. Todos passaram a comer e comprar coisas. Ele foi embora todo feliz, achando ter conseguido o que queria. Quando voltou à cidade, cinco anos depois, o que encontrou? Os pobres deixaram de ser pobres? Houve investimentos em saúde, educação, ruas, saneamento? Nada disso. Aqueles que já dispunham de educação e renda conseguiram aumentar sua riqueza pessoal, enquanto os pobres gastaram todo o dinheiro na própria sobrevivência. Eles não sabiam fazer o dinheiro gerar trabalho e renda para sustentar suas famílias ao longo do tempo.

MINHAS ANOTAÇÕES SOBRE:
POBREZA NO BRASIL
"... ATUANDO COM RESPONSABILIDADE SOCIAL..."

O Brasil está entre as 10 maiores economias do mundo, mas tem miséria, fome. É um país rico com gente pobre. Por isso, é necessário que as empresas tenham responsabilidade social, o que significa colocar em primeiro lugar a população, e não o bolso dos donos.

Por que num país rico tem gente passando fome? A professora contou uma história de um casal com oito filhos. O pai ganha R$ 1.050,00 por mês, a mãe é dona de casa e não tem salário. Sendo 10 pessoas na casa, cada uma teria, em média, R$ 105,00/mês para sobreviver (R$ 1.050,00 divididos por 10). Essa é a renda de cada pessoa da família, que os jornais chamam de "renda per capita" (que vem do latim e quer dizer "renda por cabeça").

Visto assim, significa que naquela família todos estão acima da renda que define a linha de pobreza: R$ 80,00/mês. Entretanto (e a professora falava com indignação), por motivos incompreensíveis, o dinheiro não foi dividido igualmente, mas da seguinte forma:

1 pessoa (10% da família) fica com R$ 460,00 reais, 46% de R$ 1.050,00;

1 pessoa (10% da família) fica com R$ 10,50, 1% da renda total;

8 pessoas (80% do total da família) ficam com R$ 556,50, 53% da renda total.

Uma pessoa sozinha ficou com 46% da renda, quase o mesmo que todos os outros juntos (54%)!

Naquele momento, alguém disse:

– Mas, professora, qual pai deixaria isso acontecer?

– Pois é, concordo com você. Um pai não faria isso. Mas o nosso país faz! Sempre fez. Eu não tirei esses números do nada. Eles imitam de forma simplificada o que acontece com a distribuição de renda real no Brasil. Somos uma nação que não cuida dos seus filhos. Qual a razão? Nós, adultos, principalmente os que estudamos, que temos consciência disso tudo, somos os responsáveis. Se quisermos, podemos mudar. A isso se chama "vontade política".

Nota do autor: No Brasil, os 10% mais ricos da população receberam 45,7% de toda a renda gerada no país, enquanto os 10% mais pobres receberam apenas 1,0%. R$ 105,00/mês era a renda mensal per capita do brasileiro em 1999. (**Fonte:** IBGE, 1999.)

MINHAS ANOTAÇÕES SOBRE:

PODER EM UM MUNDO SEM CHEFES

"... ESPAÇO PARA DIVERGÊNCIAS E EGOÍSMOS."

No Brasil, não são somente a educação e a renda que ficam nas mãos da minoria. Também o poder fica com poucos.

Eu perguntei:

– Professora, é lógico que poucos tenham o poder: o presidente, os ministros, os governadores, os juízes de direito, os deputados, os donos de grandes empresas. Imagine se todo mundo tivesse poder.

– Não estou falando do poder de mandar. Será que alguns nasceram para mandar e outros para obedecer? Não sei...

– Professora, como seria um mundo sem chefes? Uma bagunça...

– Você tem razão, ainda não estamos preparados para não ter alguém no comando. Mas temos que aprender. O ser humano pode e deve trabalhar em cooperação, em articulação, escolhendo objetivos comuns a todos. Para isso, não é necessário que alguém tenha mais poder do que os demais. Há milênios estamos acostumados a ter pessoas mandando. Tivemos imperadores, ditadores, aprendemos a obedecer. Quando há alguém mandando, pode haver ausência de liberdade, de espaço para a criatividade. A convivência em rede – em que todos têm autonomia, têm o mesmo poder e cooperam para atingir um objetivo comum – é algo que se aprende a fazer lentamente. Para isso, temos que começar.

– Professora, e a disciplina, a ordem?

– As pessoas podem entrar em acordo sem uma invadir o espaço da outra. Por exemplo, neste momento, a nossa conversa é fruto de uma cooperação, um entendimento entre nós. Enquanto um fala, os outros ouvem, e assim tudo funciona bem.

– É porque a senhora está aqui. Se fôssemos só nós, seria um tumulto.

– Pode ser, mas, se vocês falassem todos ao mesmo tempo, iriam acabar percebendo que todos estariam se prejudicando. Iria chegar um momento em que vocês diriam: "Assim não dá! Desse jeito, não conseguimos falar nem ouvir o que o outro fala." Seria o caos, e todos perderiam. Se vocês pensarem bem, na nossa vida diária já cooperamos em muitas coisas. Na nossa forma de viver, existem princípios de solidariedade, de ajuda, de colaboração.

– Professora, se o poder não significa mandar nos outros, então, que poder é esse?

– O poder de que falo significa a capacidade da pessoa de participar das decisões sobre a própria vida, sobre o seu futuro, sobre a sua comunidade, sobre o país em que vive. Ser realmente um cidadão. Para exercer esse poder, é preciso que a pessoa tenha educação, tenha condições de entender o que está acontecendo no mundo. Que participação têm os 50 milhões de pobres que existem no Brasil na decisão do seu próprio destino? A eles negamos o direito de cidadania, como fazíamos com os escravos. Contra eles, declaramos uma guerra, em que há milhões de mortos pela fome. Conhecimento tem a ver com poder. Os pobres não têm acesso ao conhecimento e são pobres porque não têm conhecimento. O dinheiro público paga educação para quem não precisa de gratuidade. Funciona assim há séculos. Os pobres continuam sem conhecimento e, por isso, excluídos da sociedade, incapazes de usufruir a riqueza gerada pelo país. A ausência de educação é uma das fontes de geração de miséria. Nos países desenvolvidos, como Alemanha, Japão, Bélgica, mais pessoas vão à escola e lá ficam por mais tempo do que no Brasil – em alguns casos, o dobro.

Nota do autor: Conforme os Indicadores Sociais do IBGE de 12/06/2003, o índice geral de escolaridade no Brasil era de 6,7 anos. Na divisão por gênero, as mulheres permaneciam na escola mais anos (7,3) do que a população masculina (6,3). (**Fonte:** http://www.anup.com.br/txt/jornaI/011_jornal.html; ANUP Jornal, ano 2, n° 11, Brasília, 11/07/2003.)

MINHAS ANOTAÇÕES SOBRE:

INOVAÇÃO

"... APLICANDO CONHECIMENTOS ADQUIRIDOS EM SALA DE AULA..."

Eu não imaginava que, com as fórmulas que aprendi em sala de aula, poderia criar uma empresa. Quando usamos as garrafas pet, nós inovamos! A inovação é a principal tarefa do empreendedor. É, por exemplo, fazer um produto novo: o notebook, o DVD, o relógio de quartzo, ou uma nova forma de prestar um serviço: o sanduíche é antigo, mas o McDonald's vende esse produto de forma diferente: mais rápida, com qualidade garantida. Tirar dinheiro em banco é coisa antiga, mas o caixa 24 horas é recente.

Inovar é diferente de inventar. O inventor cria algo novo, que pode não ser ainda um produto. Por exemplo, o processo de impressão eletrostática foi transformado em produto pela Xerox muito depois de ser sido inventado. O ioiô nasceu nas Filipinas no século XVI como arma: pesava dois quilos e sua corda tinha 6 metros de comprimento. Foi transformado em brinquedo em 1929. O walkman foi uma inovação, mas não um invento, porque o toca-fitas já existia.

Por que se fala tanto em inovação? Ela sempre foi importante, mas, como estamos na era da velocidade, em que há grande capacidade de gerar conhecimentos e comunicação, para vender é necessário criar novidades.

MINHAS ANOTAÇÕES SOBRE:

COOPERAÇÃO PARA REALIZAR O SONHO

"TUDO ERA POSSÍVEL EM VIRTUDE
DA REDE DE COOPERAÇÃO..."

Cada um tem seu próprio sonho. Mas, para realizá-lo, o sonhador precisa da ajuda dos outros. Os resultados do sonho devem ser úteis não só ao sonhador, mas à coletividade.

MINHAS ANOTAÇÕES SOBRE:

REDE

"... USAREM CONCEITOS DE REDE..."

Rede diz respeito a relações entre as pessoas. Em uma rede, cada pessoa, ou elo da rede, tem a mesma autonomia. Todas são interdependentes. Na rede, não há hierarquia: ninguém manda em ninguém; todos sabem que cada um depende do outro, porque todos querem atingir o mesmo objetivo e, para isso, cooperam.

Em uma rede, há caminhos múltiplos, várias opções para se chegar a um lugar ou obter uma informação. Quando uma informação é centralizada, só há um caminho, e alguém pode ter a chave da porta: a hierarquia diminui a liberdade, inibe a criatividade e, portanto, a inovação e o espírito empreendedor.

Obs.: Eu estava copiando o que a professora Helena ia falando quando alguém gritou lá do fundo da classe: "Abaixo os chefes!" A sala virou uma bagunça. Todos propunham aos gritos o fim dos chefes. Alguns começaram a simular um enterro. Rindo bastante e desfrutando o clima de alegria, mesmo sabendo que era um pretexto para a bagunça, a professora Helena interveio:

– Um momento, gente! Um momento! Para não ter chefes, vocês têm que saber cooperar, concordar, negociar. Vocês estão dispostos a abrir mão dos interesses pessoais, perdendo um pouco em favor do interesse de todos? São capazes de construir um objetivo que atenda a todos? Fiquem sabendo que essa é a condição para não haver chefes. Só assim vocês estabelecerão relações tendo a cooperação como instrumento para fazer com que todos ganhem. Isso dá trabalho!

MINHAS ANOTAÇÕES SOBRE:

COMPETIÇÃO E COOPERAÇÃO

"... SE NÃO TIVESSE PERDEDORES..."

A cooperação, e não a competição, é a base para o desenvolvimento. As pessoas devem cooperar mais e competir menos. A lei do mais forte produz excluídos. Gera resultados em que um ganha e o outro perde. Na sociedade humana, ninguém pode perder, todos devem ganhar. Vemos todos os dias exemplos da lei do mais forte: o funil do vestibular, a peneira da fila do emprego, alguns morrendo na fila do hospital. Não precisa e não pode ser assim.

REFERÊNCIAS

• Sobre Ponte Nova e seus personagens
http://www.pontenova.com.br
Vozes de rua, Ludovina da Conceição Rodrigues Pires. Ponte Nova: Graff Cor, 2000.

• Sobre receitas de produtos da empresa Limpeza Pura
Contribuição da professora Adriana Moura, da Escola Municipal Israel Pinheiro, Belo Horizonte (MG).

• Sobre Luísa adulta
O segredo de Luísa, Fernando Dolabela. Rio de Janeiro: Sextante, 2008.

• Sobre o walkman
http://www.canalkids.com.br/tecnologia/invencoes/curiosidades.htm
http://www.inova.unicamp.br/inventabrasil/pavelw.htm

• Sobre os jogos da gincana
Novo Dicionário Aurélio da Língua Portuguesa, Aurélio Buarque de Holanda Ferreira. Rio de Janeiro: Nova Fronteira, 2000.
http://www.decorpointeiro.com.br
http://www.cantinhodesonhos.com.br
http://www.descubraminas.com.br/destinosturisticos/hpg_pagina.asp?id_pagina=1737&id_pgiSuper=
http://www.cdof.com.br/recrea3.htm

NOTA AO LEITOR

O livro O segredo de Luísa *foi escrito em 1999, com o objetivo de apoiar os meus trabalhos no ensino de empreendedorismo na universidade, iniciados em 1992. Pelo seu texto, se deduz que a personagem central, Luísa, nasceu no final da década de 1970.*

A partir de 2000, comecei a construir uma proposta de ensino de empreendedorismo para crianças e adolescentes da educação básica. Tive, então, o impulso de escrever um romance infanto-juvenil com o objetivo de desempenhar o mesmo papel que O segredo de Luísa *assumiu tão bem: ser um texto inspirador para o jovem, ensinando pela ação dos personagens e evitando o didatismo seco e desestimulante.*

Ao escrever A Ponte Mágica, *aproveitando a personagem Luísa e a sua cidade, Ponte Nova, me vi diante de um problema aparentemente insolúvel:* O segredo de Luísa *está "datado", isto é, suas referências ao calendário nos mostram que, quando Luísa tinha 11 anos, não havia em Ponte Nova internet, garrafas pet, rapel. Tampouco havia democracia no Brasil (pois estávamos sob uma ditadura); não eram difundidos os conceitos de desenvolvimento local, responsabilidade social, etc. Mas como fazer um livro de ensino de empreendedorismo sem levar em conta os recursos da tecnologia existente e as conquistas na área social?*

Como Albert Einstein disse que a imaginação é mais importante do que o saber – e olha que ele entendia de tempo! –, resolvi levar algumas inovações de hoje para duas décadas atrás. O leitor que não repare, não...

FERNANDO DOLABELA

SOBRE O AUTOR

Fernando Dolabela é criador dos mais importantes programas de ensino de empreendedorismo do Brasil, aplicados tanto em universidades quanto na educação infantil e nos ensinos fundamental e médio. Suas metodologias ligam educação empreendedora com desenvolvimento sustentável. Já trabalhou diretamente com mais de 4 mil professores universitários, que operam com a metodologia Oficina do Empreendedor em mais de 400 instituições de ensino superior. Sua experiência com crianças e adolescentes é única. Desde o lançamento de *Pedagogia Empreendedora*, em 2003, essa metodologia foi implementada em 126 cidades do Brasil, alcançando perto de 2 mil escolas e seus 10 mil professores. Dolabela tem nove livros publicados e é autor dos softwares de Plano de Negócios MakeMoney e MinhaEmpresa.

Os livros *O segredo de Luísa* e *Oficina do empreendedor* foram publicados na Argentina e são distribuídos em vários países de língua espanhola.

Contatos
dolabela@dolabela.com.br
www.dolabela.com.br
www.starta.com.br

INFORMAÇÕES SOBRE OS PRÓXIMOS LANÇAMENTOS

Para receber informações sobre os lançamentos da EDITORA SEXTANTE, basta enviar um e-mail para
atendimento@esextante.com.br
ou cadastrar-se diretamente no site
www.sextante.com.br

Para saber mais sobre nossos títulos e autores, e enviar seus comentários sobre este livro, visite o nosso site:
www.sextante.com.br

EDITORA SEXTANTE
Rua Voluntários da Pátria, 45 / 1.404 – Botafogo
Rio de Janeiro – RJ – 22270-000 – Brasil
Telefone (21) 2286-9944 – Fax (21) 2286-9244
E-mail: atendimento@esextante.com.br